Décalage

CHRISTOPHE BESSE

Décalage

Essai

Suivi de cinq stances poétiques

Sommaire

Décalage

Stances poétiques

Affects, percepts, concepts :
jeux de renvois et de miroirs à l'orée du décalage

* * *

Affects et concepts. Les affects nous guident d'un concept à l'autre, distribuant parmi eux un décalage, un principe de détachement relatif. Un décret d'ouverture au cœur du concept permet d'y mieux recueillir la trace desdits affects. Il faut dans cette ouverture une dimension collective. La perception du regard des autres sur soi, cristallisée parfois dans des extrémités, des situations idéal-typiques, instructives bien que pas vraiment réalistes, ni souhaitables, ni agréables – des cas d'école –, situations générant un sentiment de honte, de culpabilité ou, au contraire, d'affirmation, de fierté – sentiments qui nous relient illusoirement aux autres – cette perception, donc, nous maintient dans une ambiance de surveillance exercée par autrui et nous porte à chaque moment du présent, souvent pathologiquement, si bien que nous perdons le contrôle de nous-mêmes. Le comble de ce portage survient dès l'enfance : si tout y est ouverture, potentialité, tout y est en même temps donné, (im)posé. Paradoxe d'un accomplissement qui serait le fruit d'un sacrifice et qui donc obligerait en retour. Enfance, temps du crédit, qu'il faut ensuite rembourser : parfois une vie entière n'y suffit pas.

Percepts : traces d'affects dans les concepts, expressions affectives d'une pensée. Simplement, pour être perçues, ces traces doivent être, d'une certaine façon, internes au sujet ; étant internes elles sont, faute de distance focale, décalées, dédoublées. En tant que le percept est consistant, c'est-à-dire, expression d'un concept vécu, il est décalé, dans la mesure où il s'enracine dans la conscience, l'illusion. Si le percept nous correspond de l'intérieur alors il nous décale ; s'il ne nous décale pas c'est soit qu'il est inconsistant, transparent par rapport à un concept rendu sans émotion, soit qu'il nous est extérieur, mot d'ordre dictant l'inter-

prétation, le ressenti d'un concept emprunté, collectif. Si nous passons à travers le concept ou si nous laissons celui-ci nous traverser, si nous le chargeons de vécu et nous déchargeons sur lui, alors nous nous dédoublons au passage. Tendant le bras, nous le divisons ; pointant du doigt vers le dedans ou le dehors, notre doigt se trouble, s'efface. Quand le doigt montre la lune, personne ne peut regarder le doigt, ni la lune, car ils ont déjà fusionné. Attachement de ce qui est séparé ; indistinction de ce qui est hétérogène.

Un discours sur l'affect est impossible, sauf à se laisser traverser « en live », donc à se décaler, à se flouter. Observer c'est déjà bouger, balayer du regard : le rendu ne peut être net, il est d'abord emprunt, voire emprunté. Qui parle ? Chaque sujet est multiple : il ne touche l'affect – n'est touché par lui – que planté dans le concept et réciproquement (le concept planté en lui). La flèche, lorsqu'elle atteint sa cible, vibre, défaisant ce qu'elle vient tout juste d'obtenir, à savoir la précision, qui lui est insoutenable. Les pages qui suivent ratent leur cible de peu, d'aussi peu que possible ; elles la frôlent et, la frôlant, elles la circonscrivent, la façonnent, la dé-finissent (en défont le rendu, la finition). Le vernis est prohibé – sauf à ce qu'il agisse en profondeur, tel celui qu'on applique sur un violon et qui en détermine la sonorité.

Le su/jet est littéralement jeté/dessous : sous le décalage il se glisse et, se glissant, il décale, il perturbe le décalage lui-même. Il y aurait donc un décalage subjectif intervenant en aval d'un premier décalage plus objectif ? Mais le décalage n'implique-t-il pas justement le brouillage des catégories d'objet et de sujet ? Il désignerait alors l'interférence ressentie entre notre activité subjective et notre perception objective. Sensation de ce que nos affects feraient obstacle à une juste et droite perception des choses. Sensation éminemment subjective bien sûr. Nous n'ignorons pas, d'ailleurs, que la possibilité d'une perception objective reste un leurre. Peu importe en vérité car ce qui compte est le trouble de l'objet par le sujet, le fait que l'observateur altère son objet d'observation ; trouble qui prend la forme toute factice d'une impression décalée, d'un effet de parallaxe omniprésent, entre sujets et objets.

Le décalage, on le voit, s'impose d'emblée comme une altération de la relation objectale, altération dont le sujet se trouve aussitôt responsabilisé, sinon culpabilisé. Le décalage serait ainsi un processus de subjectivation non de l'objet lui-même, mais de la distance à l'objet. Une distance qui mérite d'être interrogée, sinon déconstruite, afin de mieux dé-masquer, en deçà ou au-delà de la phénoménologie du décalage, la possibilité incertaine, et la puissance mystificatrice, d'un supposé « calage » originel.

* *

*

CHAPITRE 1

* * *

Institution naturelle du décalage

Il y a ce qui nous traverse et ce qui se tient en dehors de nous – du moins croyons-nous qu'il existe certaines choses qui ne nous traversent pas, des choses que nous aborderions de l'extérieur, ou qui nous aborderaient, si elles le pouvaient, si nous le supportions, de l'extérieur, et qui contribueraient à nous définir, en nous délimitant. Ainsi, eu égard aux choses en général, nous nous situons nécessairement dans un rapport de défiance, un sentiment d'insuffisance, une posture de réclamation, dans la mesure où il n'en existe que deux espèces, celles qui investissent notre intérieur, qui irriguent notre inconscient mais sans nous définir, sans circonscrire notre être, et celles qui nous entourent, nous délimitent, mais sont étrangères à notre constitution, à notre détermination interne. On sait, à ce propos, que, de façon contre-intuitive, le « non » à ce qui n'est pas – ici, ce qui n'est pas nous, ce qui nous reste extérieur – est plus déterminant (clôture par l'impossible) que le « oui » à ce qui est (ouverture du possible) – ici, ce qui est en nous, ce que nous sommes. Nous flottons ainsi dans une espèce de substrat, d'agrégat – le terme le plus « actuel » serait « environnement » – dont nous ne connaissons pas le degré de cohérence propre, non plus que son adéquation à notre nature, si tant est que nous en ayons une.

Dans ce contexte est-il approprié de dire « nous », plutôt que « je », plutôt que rien ? Le *je* serait pire, qui marquerait notre prétention à tenir pour résolue la question de notre identité avant même d'avoir commencé à y réfléchir. Le *nous* maintient un flou bienvenu dans l'exposition de la question ; il préserve l'incertitude initiale, et peut-être définitive, quant à notre insertion mondaine, à notre position psychologique. Car ce *nous* renvoie à une variété de notions superposables, depuis la simple collection d'individus jusqu'au pluriel de majesté en passant par la communauté plus ou moins soudée dont chaque membre se distingue par des traits particuliers, tout en s'affirmant à travers le regard des autres. Le *nous*, donc, est moins déterminant, il est plus confortable, plus large, paradoxalement plus juste, plus précis qu'un *je* convoqué sans précaution, produit d'un jugement non exprimé, d'une évidence non questionnée – d'un préjugé. Ce *nous* nous plonge dans un milieu, un bain adapté à notre ignorance, à la relativité de notre savoir ou, plutôt, à son manque de pertinence, si ce n'est à son impertinence – un bain que d'autres ont fait couler pour nous, qui pataugeons alors dans l'oubli, ou le non-questionnement, de sa source. Bien sûr nous fermons les yeux pour entrer dans le bain, pour nous « y mettre ». Comment faire autrement puisque ce bain coule de source, de sa source, de nous, par et à travers nous, puisqu'il nous imprègne, nous traverse, sans même nous mouiller – tant il est vrai qu'on ne se sent éclaboussé que par ce qu'on aborde dans un rapport d'extériorité, tandis que le bain est bien à nous, en nous, notre matière même (« chair » serait ici, et à ce stade, encore trop personnel, trop révérencieux, trop mystique). Ce bain ne nous environne pas, il adhère, il nous colle à la peau ; il ne répond pas à nos questionnements, il les anticipe. Comme dans un rêve où le temps se condense jusqu'à disparaître, il prévient et prévoit nos questions, nos angoisses échappées d'un passé enfoui, il nous rajeunit en même temps qu'il nous épuise ; il nous gratifie d'une jeunesse retrouvée bien que toujours aussi éphémère. Peu importent au fond nos mouvements, notre gestuelle, l'aventure de notre vie, car il n'y a là que des intentions, des suppositions, des propositions faites à nous-mêmes sous le regard des autres. Effet salvateur du bain de jouvence et de « pensance », qui nous extrait du règne de l'âge pour nous plonger dans celui de la raison, une raison raisonnante – comme il y a une nature naturante –, active, bienfaitrice, généreuse. Raison créatrice, souple, agile, pour qui la logique est une coquetterie, un fard destiné à enjoliver l'exposition, à dynamiser le spectacle de notre cheminement. Guidés par cette raison facétieuse nous progressons à travers un kaléidoscope d'impressions, une succession d'arrêts sur image. Nous feuilletons en accéléré le livre de la nature, de notre nature, misant sur la célérité de notre regard, le tir en rafale de notre rétine, pour y saisir un mouvement si étendu, un courant si puissant qu'en le captant nous en revenons à une immobilité relative, celle d'un naufragé non pas tant à la dérive que simplement ballotté par les ondulations de l'océan. Grand livre ouvert sur le monde, folioscope à effet retard désarmant quelque peu notre conscience, la connectant avec un souffle qui la transperce, qui l'oxygène aussi bien.

Nous sommes touchés par le souffle des pages qui défilent, livrés à des phénomènes dont la violence manifeste, intrinsèque, est le prix de la visibilité. Chaque apparition nous atteint. Seules l'inertie, la clôture résolue nous permettent, semble-t-il, d'accéder à l'essence, à la vérité métaphysique, au noumène, pris comme objet de pensée, support immatériel de ce qui touche notre sensibilité. L'énigme des phénomènes – à savoir, comment ils nous apparaissent – renvoie au durcissement, au marquage de notre corps – un corps mou au départ, avant les divisions, les catégorisations –, à l'incrustation dans notre chair – matière ainsi qualifiable maintenant car devenue sensible dans ce bain révélateur – de pointes réalisantes, pointes à effet de réel. Production réaliste, effectuation du réel qui nous transperce, nous épuise, nous assèche, nous dévitalise et qui, parallèlement, « gèle » le monde, le fixe, le fait advenir à partir d'une soupe primitive dont nous étions l'un des ingrédients. Nous apprécions de nous découvrir élémentaires, parties prenantes du magma originel. De là notre tendance, réprimée autant que possible, aux accès de violence, aux remontées de sauvagerie, au retour des bas instincts. Trop de sophistication nous ferait perdre le lien avec la terre. Il nous faut reconnaître, assumer notre immoralité, accepter de vivre sous les auspices d'une condamnation sans appel.

*
* *

Nous cherchons à crever les écrans, à déchirer les voiles de pudeur, à percer jusqu'à l'horizon lui-même. A force de nous tenir en apesanteur nous finissons par flotter anarchiquement dans un espace informe. Si nous larguons les amarres et mettons les voiles, c'est davantage par goût de la (pro)pulsion, de la passion venteuse, que par intention de naviguer, de circuler. La circulation nous est désagréable, nocive. Le flux est une prise de tête. Pourquoi projeter un déplacement, canaliser l'énergie, géographier notre devenir quand nous pouvons nous étendre, atteindre des distances incommensurables rien qu'en pensant et en oubliant, en conquérant notre propre dimension ? Par l'extase nous sortons de nous-mêmes, nous exproprions nos qualités, nous renversons notre perspective sur le monde. A la place qui nous échoit nous pouvons faire notre révolution, sans tourner autour d'aucun centre, sans nous inscrire dans une trajectoire. Une satellisation parfaite devrait nous élever sur place, nous transcender, nous démanteler, dans un élan sacrificiel entièrement tourné vers la réussite, la montée en puissance, l'assomption de notre conscience au firmament des visions claires et neuves.

En fait de clarté nous ne rencontrons souvent que de la grisaille. Mais cette grisaille nous sied, nous nous y complaisons comme dans un milieu intermédiaire qui, par ses capacités d'enveloppement, nous ferait tenir, nous livrerait les clés de la permanence. Milieu dense, sentiment cosy d'une médiocrité et d'une subtilité mélangées, dont les nuances épouseraient les nôtres, dont les plis recouvreraient les nôtres. Surtout, nous retrouverions, dans cette grisaille, le côté usagé des choses et des idées, celui qui reflète le mieux leur histoire. Choses et idées de seconde main : tout ce dont on s'empare a déjà servi, a déjà été pensé, a un goût de remâché. On décèle, dans la plastique altérée des choses, la marque d'un effort passé ; on y retrouve le goût des autres, la trace de leur digestion inaboutie, de leur abandon de ces choses au profit d'autres, plus cachées, qu'il nous reste encore à mettre à jour. En abordant le réel nous découvrons notre propre ignorance, y compris notre méconnaissance de nous-mêmes. Découvrir implique de se découvrir : l'implication personnelle, la prise de risque sont inhérentes à l'élan vers les choses. Mais les choses nous parlent ; elles ont l'éloquence d'un miroir ; elles captent, absorbent, thésaurisent le flux qui vient de nous, l'intention qui nous précède et nous signale. Pièges à intentionnalité – intentionnalité de la conscience mais aussi du corps – les choses reçoivent leur lot de subjectivité, par laquelle cependant elles ne se laissent pas influencer et qu'elles rétro-injectent d'autant plus efficacement dans notre personne qu'elles n'auront justement pas interféré avec ce qui vient de nous. Mystère de la boîte noire, de la transformation d'un *input* en *output*, où ne s'opère toutefois aucune synthèse. *Process*, computation plate, unidimensionnelle. De la synthèse nous avons le monopole. Réciproquement la synthèse nous monopolise : nous ne faisons rien d'autre. Donc, les choses préfigurent, modélisent, dans le secret de leur laboratoire, mais sur un mode « aplati », linéarisé, les éléments de notre réalité, avant de nous les délivrer. Nous relions, nous fusionnons alors, récipients toujours vides, ces éléments, dont nous ignorons autant la provenance que la destination. Nous leur donnons du corps – notre corps –, du volume. La grisaille, l'entre-deux, reflètent ce procès de digestion, d'assimilation. Camaïeu mental instantanément posé, tendu comme un drap fripé sur le réel. Comme un bon peintre nous pensons en valeurs, en intensités, en dégradés, en tarissements, en salissures, en contaminations de couleurs. Systématisation tranquille, naturelle, pensée sauvage se greffant sur nos perceptions. Notre tête, notre cerveau s'éclate sur la blancheur, la pureté un peu kitsch de l'idéal, de la vérité telle qu'on l'enseigne. Des catégorisations, des classements, des ordonnancements trop précis pour être honnêtes, imposés dès notre plus jeune âge, combien d'années consacre-t-on, une fois parvenus à l'âge adulte, à nous délivrer ? Pour la plupart d'entre nous nous n'en sortons jamais, laissant notre vie entière se déployer sous les auspices de quelque vérité, certitude ou positionnement social reçu en héritage comme une injonction supérieure. Il faudrait enseigner aux enfants à déchiffrer le gris des documents, des sentiments, à trouver leurs marques dans le théâtre d'ombres où la vie les a dernièrement plongés.

Le gris naît du décalage, du recoupement partiel. Non seulement parce que des couleurs opposées que l'on associe (bleu-jaune, vert-rouge) s'annulent en un gris, mais parce que le bougé ou, même, l'approximation dans l'appréhension des choses immobiles, les décolore, déteignant sur nous, nous recouvrant de leurs dilutions, de leurs émulsions. Nous ne saisissons rien, nous nous laissons saisir, resynthétiser passivement, notre œil de sagesse cependant ouvert, voyant de l'intérieur, le regard introverti même quand il plonge dans le lointain. Les choses consistent en leur amorce, en leur accroche vis-à-vis de nous. Atomes crochus dont nous ressentons le piquant, la petite morsure dans notre chair, laquelle n'a point d'autre occasion de se faire sentir. Nous sommes les marionnettes des choses, suspendus à elles, nous-mêmes choses parmi les choses, anonymes invétérés (invertébrés aussi bien) puisqu'il n'y aurait que nous qui pussions nous nommer, ce à quoi nous renonçons de peur de nous tromper, de commettre l'impair de lèse-identité – seuls les gens imbus de leur personne, les fiers, les paranos, les mégalos, projettent sans vergogne leur subjectivité, ne retiennent du réel, tel un biais de confirmation, que ce qui conforte en retour leur pauvre esprit devenu système. Le paranoïaque n'apprécie pas les nuances, les décalages, les approximations, les négociations au cœur du réel ; il voudrait un monde parfait, comme si la perfection n'émanait pas du ballet des à-peu-près, des présupposés, des impensés ; il nage dans les présupposés, si mêlé à eux, si dépendant deux qu'il n'en détecte plus la présence latente dans tout ce qui l'entoure et le touche. Le monde est objectivement piégeant,

gentiment trompeur, « objectivement subjectif » si l'on peut dire :
point n'est besoin d'en rajouter par des surinterprétations qui ne sont
en fait que des simplifications. Chaque chose, chaque pensée emporte
tout un monde, c'est entendu : il convient de rester à l'écoute de ces
rumeurs embarquées, de se faire les petits porteurs de ces encom-
brants bagages, de saisir la poignée des biens meubles, immeubles ou
immatériels qui étayent le sens moral ; en saisir la poignée mais pas
ce qui s'ensuit car pour le reste, on l'a vu, pour le fardeau des choses
entières, des choses réelles, pour la collection des certitudes possibles,
nous sommes saisis par elles, placés dans la position du conquérant
piégé, du colon colonisé, du chasseur-pêcheur enserré dans les mailles
de son propre filet. Chacun de nos gestes, chacune de nos tentatives pour bouger, le moindre élan de notre pensée maladivement
raisonnante nous livre davantage au regard d'autrui, nous attache
plus étroitement à son inquisition supposée, désirée presque, par
nous, malgré nous. La paranoïa est nécessaire à notre ancrage mais il
convient, pour notre santé et notre sagacité, qu'elle demeure impersonnelle, non incarnée, planant sur les choses comme une possibilité,
une explication globale tenue en réserve, tel un viatique cérébral nous
garantissant un niveau minimum de compréhension, nous servant de
bouée émotionnelle à laquelle nous agripper chaque fois que nous
épuise la pensée des profondeurs, que nous submerge la considération du grand tout, que nous inquiète la vision de notre petitesse,
de notre insignifiance, de notre individualité écrasée par la masse
indifférenciée des choses. Paranoïa utile, donc, "saine maladie" de
l'âme, pourvu qu'elle reste mesurée, intermittente, et qu'elle affecte
les autres plus que nous-mêmes. Hauteur, grandeur, supériorité : cela
est bon pour les autres. Dans la vie des organisations nous devrions
laisser à nos congénères la place de numéro un, nous contentant de
celle, plus en retrait, de numéro deux. Nous devrions cultiver une
herméneutique de l'intime, une appropriation secrète du monde. Un

monde moins possédé que fréquenté, côtoyé. Monde voulu, désiré, reconnu, approuvé, acquiescé.

Dynamique de voisinage. La grandeur supposée de ce que nous observons tient évidemment à l'estimation de la distance qui nous en sépare. Mais cette estimation est elle-même impactée par le nombre de connexions, de liens, de recouvrements à la marge qu'il faut franchir pour parcourir mentalement, visuellement ou réellement la distance en question. Ainsi, dans notre perception, dix segments d'un mètre chacun paraissent plus longs qu'un seul de dix mètres. En vertu de ce principe qui renvoie au coût, physique et psychologique, du changement, de la transition, l'estimation des étendues, des sentiments, des plages de vie, des champs de vision, des mondes juxtaposés, s'appuie sur leur degré de complexité, de multiplicité interne. Lorsque nous voyageons, réellement ou par la pensée, nous nous faisons les comptables, les collectionneurs, les conservateurs des changements, modifications, altérations, transitions, mutations, retournements, substitutions qui scandent notre progression. Celle-ci n'est d'ailleurs pas autre chose que la somme ou l'intégrale de ces seuils que l'on franchit successivement et qui nous apparaissent comme un chapelet de petits sauts, comme les marches d'un escalier en haut duquel nous attendrait notre vérité. Effet de cliquet empêchant le retour en arrière car, sur le plan existentiel, deux déplacements contraires ne s'annulent pas, le plus et le moins ne se compensent pas. Nous ne vivons en ce sens que des choses positives ; rien ne s'inscrit en négatif dans notre conscience. Tout vécu est irrémédiablement enregistré, le remords le plus intense ne se substitue pas au mauvais souvenir et même l'oubli laisse, en lieu et place du vécu, un blanc qui s'apparente moins à un creux, à un trou où viendrait se perdre, s'interrompre la continuité, l'exhaustivité de notre vie, qu'à un voile mobile occultant mais rassemblant, sous ses ondulations, ses reflets, ses plis et replis, les éléments par trop problématiques de la réalité. Nous oublions comme nous refoulons, non pas tant ce qui nous déplaît, nous choque, nous marque, nous interpelle, que ce qui nous aliène, ce en quoi nous ne nous reconnaissons pas, ce qui ignore, contredit ou menace notre cohérence de vie. Nous « re-foulons », nous refusons de fouler, de hanter les chemins qui nous mèneraient vers des destinations contraires à notre moi idéal, à notre projection narcissique. Nous n'admettons spontanément que ce qui sonne juste pour nous, ce qui s'annonce compatible avec notre orientation présente. Ainsi avançons-nous, toutes antennes dehors, tels des insectes inquiets, palpant notre environnement immédiat pour y détecter ce qui pourrait satisfaire notre besoin de cohérence interne et de compatibilité externe, de complémentarité avec le monde. Animaux incomplets, en proie au manque, nous prélevons dans le réel – ou dans le reflet qu'en abrite notre pensée – les éléments nécessaires à notre perfectionnement, les briques utiles pour (re)construire, renforcer notre image. Ce faisant nous démantelons le réel, nous le surexploitons, nous en épuisons les possibilités. Notre narcissisme dévore le monde, celui-là même qui nous porte, nous enveloppe, si bien qu'il n'est pas jusqu'à notre personnalité même, entité quasi-autonome, pseudo-naturelle, qui ne finisse toute piquée de ses mites – et de ses mythes.

Nous apparaissons comme des bulles, des entités rondes, raison pour laquelle notre égocentrisme fait sens « géométriquement » et n'est pas en soi à réprouver. Eu égard à nous-mêmes, l'égocentrisme se justifie comme principe hiérarchique ; il vaut reconnaissance d'un centre, il établit une perspective gouvernant nos sens et nos gestes. Du reste son absence, bien que souvent associée à une perception aiguisée, engendre un état d'anarchie, d'instabilité. C'est seulement dans notre rapport au monde, dans la recherche d'une complémentarité avec ce qui n'est pas nous, que celui-ci devient problématique. Il apparaît alors insupportable d'ignorance, d'insensibilité. L'égocentrisme recouvre ainsi deux dimensions, l'une foncièrement légitime, créatrice, l'autre fonctionnellement excessive, déplacée. Comment faire le tri entre les deux ? À partir de quelle instance, nécessairement externe, canaliser et sélectionner nos pulsions internes ? Notre personnalité égocentrée associe de justes intuitions soutenues par notre expérience du monde et d'excessives appropriations d'un donné que nous réquisitionnons à des fins particulières, écrasant les aléas de ses apparitions sous l'arbitraire de notre désir. Nous n'attribuons pas un sens à ce qui nous arrive sans y instiller une part de notre essence, fût-elle largement indéfinie et ouverte. L'éparpillement de parcelles de nous-mêmes, sortes de confettis de notre empire, justifie à nos yeux la (re)colonisation du monde. Par un réflexe de survie nous nous répandons dans le monde alentour, aussi bien que dans le monde reclus de nos pensées, abordant chaque événement qui s'y présente comme s'il devait confirmer notre domination. Nous progressons telle une armée qui, se voyant en déroute, chercherait à organiser sa débâcle, à maintenir jusqu'au bout l'ordre de ses divisions, de ses unités. Nous cheminons dans une demi-conscience rêveuse, nous efforçant de cartographier un continent de sommeil, d'en répertorier les régions riches en symboles. Nous allons un peu au hasard, comme des soldats somnambules, des marcheurs illuminés.

*

* *

On ne sort pas de soi sans se diviser, sans risquer l'émiettement, la dispersion. Nous ne sommes pas monolithiques ; nous portons la division en germe, en multitude, en prolifération séminale. À bien nous écouter, à palper consciencieusement notre corps, nous percevons sans mal ce que de grouillements nous renfermons, nous cultivons. Nous abritons des élevages, des cultures transfuges, des productions *underground*, nous soignons quelques plants d'espèces prohibées – activités subversives pour une civilisation dont le raffinement n'a d'égal que le matérialisme. L'absorption de substances psychotropes a, c'est reconnu, un effet destructeur sur le psychisme ; moins reconnu est leur mode d'action, qui ne déconstruit pas ce qui tenait, qui ne fissure pas ce qui allait d'un bloc, mais qui démonte, démantèle ce qui était nativement assemblé, composite, fragile. Notre esprit, même sain, appelle sa destruction, attend sa décomposition, réclame à cor et à cri le catalyseur qui lui ôtera, en même temps que son unité, son sens de la mesure et de la responsabilité. Nous dérivons de par le monde comme un vaisseau fêlé, n'espérant que le récif où venir terminer de se briser – c'est-à-dire élargir sa fêlure, affirmer sa division –, laissant alors ses fragments se disperser à leur guise dans l'immensité océanique.

La dispersion, au-delà de l'événement qu'elle représente, nous apparaît comme une solution adéquate, en tant, précisément, que dissolution de notre identité factice. Que les vastes pénéplaines, que les plus recluses et les plus localisées des cultures, que les continents les plus stables géologiquement n'en soient pas moins soumis à des transformations souterraines, silencieuses et invisibles, que les continuités les plus évidentes recèlent autant d'irrégularités que le plus échevelé des archipels, voilà ce que nous n'ignorons plus sitôt que, par un parallélisme poétique, lyrique, mettant en rapport la fabrication du monde et la composition de notre âme, nous ouvrons les yeux sur nos tendances profondes et cessons d'halluciner l'entièreté de notre caractère. Émiettement, dispersion : signes que nous ne sommes pas des personnages de roman, que nous sommes inincorporables dans une fiction, étant nous-mêmes des êtres fictionnels, résultats d'une projection - rétrojection sur l'écran du réel. Cet état de dissémination admis comme préalable, nous pouvons accéder à une sorte de vérité plus subtile qu'un récit, qu'une histoire, qu'un long-métrage, renonçant du même coup à toute facilité narrative. Nés d'une insémination – naturelle ou artificielle, c'est égal – nous devenons à notre tour des inséminateurs, des disséminateurs par destination, réinjectant dans tout ce que nous touchons, et qui nous touche, une dose, potentiellement létale, de fragmentation. Notre conscience apparaît, dans cette optique, comme la pointe fulgurante d'un esprit composite dont l'idée même de l'unité est fatale à l'expression de ses éléments constitutifs. Elle requiert, pour s'épanouir, des conditions de modestie et d'anonymat, l'oblitération de notre dimension individuelle devant le caractère collectif, globalisant, de toute chose. Nous ne captons pas notre image dans le miroir, nous la fictionnons, nous la projetons ; sitôt formée cette image s'envole, tel un bien mal acquis ; sa constitution illégitime ne nous laisse que l'amertume de l'effort fourvoyé, ne débouche que sur la perspective d'un monde usurpé. Évitons donc de nous contempler dans de tels miroirs qui ne nous renvoient que la vacuité, et la vanité, de notre caractère. Miroirs illusoires, écrans ou webcams mystificateurs car artificiellement unificateurs – technologies simplificatrices assumant le narcissisme contemporain.

Il ne faut pas confondre image et illustration. L'image prétend avoir un effet propre, elle revendique l'autonomie. L'image de soi conforte, renforce, flatte l'ego. L'image en général a une capacité performative, elle est le langage en action. L'illustration, elle, est plus libre ; elle ménage une distance avec le représenté. Elle vieillit naturellement là où l'image entend rester jeune, active, jusqu'à céder d'un coup, disparaissant alors sous une vague d'images neuves. Image après image nous balisons le monde, nous l'artificialisons. Nous faisons de même avec les écrans, qui sont les images superlatives d'aujourd'hui. L'image n'illustre pas, ne sert ni ne dessert ; elle n'est au service que d'elle-même et, indirectement, des idéologies surplombantes, politiques, économiques, sociales ou culturelles, qu'elle incorpore. L'image n'induit pas les croyances : elle les présuppose, les convoque. Elle nous force à nous projeter, à sortir de nous-mêmes, à jouer l'efficace sociale, à investir la relation aux autres. Elle est un mot d'ordre insidieux. Image-extase, extorqueuse d'essence, extirpeuse de mystère. Image-objet, image qui se donne, se prostitue et se retient en même temps, qui fait s'équivaloir la pudeur et le voyeurisme, qui donne tout pour son contraire.

L'illustration est un discours, développé parallèlement à une réalité déficiente, supposée s'y appuyer, s'y retrouver, s'y modifier. Éclairage, légende, transfiguration : illustration comme soutien, sous-jacence, sous-bassement de nos rêves, de nos illusions. Avec sa modestie, sa position si humble, l'illustration nous élève, nous donne une impulsion vers le haut, nous aide à devenir nous-mêmes. L'illustration nous apprend à lire, nous accompagne dans nos découvertes, nourrit notre imaginaire, quand l'image éteint toute lumière par l'opacité de ses intentions. L'image n'avoue pas son but et n'admet d'ailleurs pas en avoir un. Nous nous attachons à illustrer, à dessiner le monde, là où l'image tend à l'effacer, à en gommer les traits, à s'y substituer. L'image excite, sollicite projections et déjections, suscite craintes et désirs ; elle réquisitionne nos sentiments, nos réflexes, elle les fait exister sans nous, en-dehors de nous, jouant de notre tendance naturelle à la dispersion pour achever de nous perdre au bénéfice d'un système englobant. L'illustration, au contraire, nous rassemble, nous aide à maintenir groupé le faisceau de notre sensibilité. Les écrans, pour leur part, fonctionnent comme kaléidoscopes fragmentant à l'infini le spectacle du monde, le plongeant dans une extraversion généralisée. Ils portent la dispersion à son comble : dispersion de la dispersion, dispersion au carré, ou secondaire, opérant par intensification, miniaturisation, démultiplication des flux de la dispersion primaire, psychologique. Faisceaux déréglés, définitivement divergents, des images, que seuls peuvent maîtriser, redresser, les algorithmes retors qui les ont générés. N'essayons point toutefois de supprimer les images : trop malicieuses, elles en réchapperaient, tandis que nous nous épuiserions vainement à les combattre ; efforçons-nous plutôt de les transformer, avant qu'elles ne nous déforment, de les convertir, avant qu'elles ne nous embrigadent, en illustrations, de les placer, par force ou par ruse, au service de ce à quoi tout les oppose, à savoir, d'une réalité attractive, prestigieuse, riche des suggestions librement développées par l'esprit.

C'est cette lecture « illustrée », enrichie, du réel, qui doit avoir notre faveur. Non parce qu'elle serait garante du maintien de notre cohérence, mais parce qu'elle stimule notre volonté, soutient notre élan vers le monde et nous en fait découvrir la composante naïve, c'est-à-dire ouverte, en position d'attente, élément d'une expérience totale. La volonté chez Schopenhauer, l'élan vital chez Bergson, la conscience néantisante chez Sartre sont des figures de ce principe immanent de compréhension que l'intellectualité tactile, l'intuition sensible, la captation par les concepts nous permettent de mettre en œuvre. De là nous provient un sentiment profond de complicité avec le monde : sorte de solidarité, de communauté de destin qui ne renvoie cependant à aucune finalité, proche ou lointaine. Point n'est besoin d'eschatologie pour en arriver à cette proximité avec les éléments, à cette intimité étrange. Nous nous frottons, en acte et en pensée, avec les bizarreries du quotidien ; chaque pointe, chaque détail du tableau agit sur nous. Nul ne sort de chez soi sans risquer sa vie, moins en ce qu'il la puisse perdre, que gagner différemment, c'est-à-dire réorienter, redéfinir, reconfigurer, même marginalement. Quand bien même nous ne modifions que les marges, nous touchons à l'essentiel car c'est notre profil qui s'y joue : la manière dont nous nous insérons dans l'espace, la silhouette que nous donnons à voir aux autres. Question de gabarit, d'usage, de discours formel. Nous parlons avec notre corps, lequel nous trahit, s'épanche sur notre compte. Si, comme nous apprîmes à le faire à l'école de l'ascétisme, nous privilégions le discours intérieur, notre corps se rebiffe, manifeste une volonté de prééminence, devient rapidement incontrôlable. Discours charnel du saint, éloquence de sa posture, verbosité de son silence, hypocrisie de son indifférence. Le sage joue de son corps, n'en renie pas la force de décomposition, le pouvoir de défaisance, la suggestivité latente. Même sec il s'abreuve à la source du désir démis, désaxé, déprovisionné. Désir lâche, distancié, annihilé mais pas tué. Jamais tué. De nos errances sur terre il reste quelque chose, une trace, non point la matérialisation d'un passage mais la possibilité d'un retour – retour au passé antérieur de notre existence, restauration dans l'état précédant notre venue. Initialisation d'une marche, mouvement d'un mouvement, mobilité au carré comme il y a une dispersion au carré. Tremblement, émotion restauratrice, conservatrice, venant contrecarrer, précisément, l'excessive dispersion. Méta-mouvement, hyper-mouvement dont le flouté, le bougé enveloppe l'apparence statique des choses. Là réside la véritable cinématique, l'émotion riche, loin de l'accélération mécanique des films, des pellicules, des couches sensibles que l'on asservit à la réactivité électrique, à la production de couleurs pixellisées pour nos écrans. Bien nommés « écrans plats » qui aplatissent le monde, mal nommé « réalisme 3D » qui pulvérise la profondeur, innommable virtualité de pacotille, tout juste bonne à nous noyer le cristallin. Pleurons, pleurons des larmes salées d'avoir couru le monde, d'en avoir tant fréquenté les môles rocheux que nous nous sommes imprégnés de leur vérité saumâtre. En coulant nos larmes, qu'elles soient authentiques ou quelque peu théâtrales, alimentent en retour notre niveau d'amertume, sinon celui de la mer elle-même...

*
*   *

Substance liquide du monde. Sel de la vie. Mélange de viscosité et de granularité, mortier censé faire tenir ensemble les blocs d'existence. Nous façonnons notre personnalité à force de tailler dans le vif, de couper les possibilités, de découpler les phénomènes, de séparer les causes et les effets. Nous nous immisçons dans la mécanique du monde, dans ses interstices, mais pour ce faire nous devons au préalable (re)créer cette mécanique, la forger de toute pièce, dissocier ce qui était soudé, distinguer ce qui était confondu. Nous écartelons le réel, non pour le faire souffrir ni pour souffrir nous-mêmes, non pour l'abîmer ni nous y abîmer, mais pour nous lover dans les niches que nous y aurons aménagées de force. Notre place n'y est pas garantie et il faut l'enthousiasme, l'insouciance du novice pour conquérir le ou les lieux que nous considérerons nôtres notre vie durant. Ainsi notre existence s'apparente à une sorte de conquête individuelle, d'épopée personnelle, de relation asymétrique où un point d'origine unique, nous-même, se projette, en se transformant, vers une multitude de points alentour qui sont autant de repères, de marques utiles pour la suite du parcours. Chacun de nous, en tant qu'entité individuelle, voire pré-individuelle, ne se développe qu'au prix d'une sortie de soi où s'affirme le soi, d'une expansion doublée d'une densification, le périmètre élargi du soi s'accompagnant de surcroît d'une plus grande intensité au point d'impact de la projection. Force dématérialisante du laser, justification des phénomènes par le degré d'énergie. Nous nous révélons subjectivement moyennant la disparition objective de notre origine, nous éclairons notre trajectoire en sertissant d'obscurité le point (supposé) de notre départ. Noyau, caillou originel qu'on (sup)pose et qui pèse sur notre élan initial, conque épaisse enserrant nos réactions premières, dont les échos contraints se répètent jusqu'à notre situation présente. Nous imposons ainsi à chacune de nos idées le carcan de ce point de départ, de cette ligne de partage qui traverse de bout en bout notre pensée. Et plus nous cherchons à mettre à jour ces déterminants initiaux, à expliciter nos motivations premières, plus nous voyons s'obscurcir notre positionnement présent. On ne s'explique pas, on ne se raconte pas soi-même. Ce qu'autrui pourrait faire pour nous, mais néglige souvent de faire, nous sommes incapables de le faire pour nous-mêmes. "Étranger à soi-même" : cette formule fameuse n'est pas une vue de l'esprit.

Ainsi la genèse de l'individu renvoie-t-elle à une sorte de mythe, de récit sans auteur. C'est du reste une série de renvois, un emboitement d'explications, qui préside à cette genèse ou, du moins, à sa réception en notre esprit. Nous vivons nos origines, notre (pré)histoire, à travers celles d'autrui, lequel nous apparaît comme un alter-ego, comme un individu étranger pris dans sa particularité : identique à nous mais seulement en tant qu'il est, comme nous, unique. Lorsque nous nous envisageons nous-mêmes, lorsque nous nous prenons pour objet, déviant la trajectoire de notre attention dans un geste de retour sur elle-même, deux scénarios se présentent à nous : soit, dans ce mouvement, nous évacuons la conscience d'autrui, prise à la fois dans son extériorité par rapport à nous et dans son intériorité relativement à lui ; soit, au contraire, nous recueillons cette conscience, en tant que connexe, parallèle à la nôtre, laquelle s'en trouve non point parasitée mais, plutôt, accompagnée, soutenue presque, encadrée à tout le moins. Évitement, saut, écart, d'un côté, dédoublement, encadrement de l'autre : notre conscience de soi n'est pas stable, elle va tremblant dès son amorce, elle passe par une sorte de projection subie, et subite, de soi vers les autres, ceux-ci étant recherchés comme autres "soi". Mais, deuxième renvoi ou emboîtement, notre pensée réflexive s'appuie, outre sur celle d'autrui, sur la part objectivante de notre pensée, sur cette appréhension des choses qui est notre pensée spontanée, automatique, pensée de ce qui n'est pas nous-mêmes et qui accompagne toujours la pensée réflexive. On se trouve en présence d'une double dynamique : élan vers la pensée objective et maintien, accompagnement par la pensée subjective. En nous pensant nous-mêmes nous saisissons immanquablement et simultanément d'une part un type d'objet se présentant comme fortuit, mais lié à nous, semble-t-il, par une attache existentielle et d'autre part un type de sujet, anonyme, mélange indiscernable de soi et des autres, dont l'unicité postulée, ressentie, nous borde en nous dédoublant sans fin, sans cesse. Ainsi allons-nous, l'esprit chargé, toujours (pré-)occupés, et nos bagages mentaux sont, telles les valises d'un voyageur à la peine, pleins de compartiments, de divisions et subdivisions, à l'image de nos efforts éternellement reconduits, éconduits, « subconduits », pour soutenir notre individualité, accompagner notre surgissement dans l'être – se penser soi-même, puis se souvenir de cette pensée, puis reprendre ce souvenir en une nouvelle pensée, dont il faudra ensuite se ressouvenir, et ainsi de suite.

Ces deux projections élaborées, paradoxales, vers autrui comme sujet voisin et vers nous-mêmes comme bordé d'objets, donnent lieu, chacune pour son compte, à une projection contraire, sorte d'intro-jection d'autrui en nous devenus objet, et des objets en nous advenus sujet. Redoublement, mise au carré des emboîtements, faisant de nous les pièces d'une mécanique bien ajustée, quatre-cylindres vrom-bissant, moteur fumant et fumeux, quelque peu rétrograde, de l'hu-manité. Humanité : espèce vivante hyperactive et interactive, dernière arrivée sur Terre et disposée à la quitter la première, éphémère par conséquent, pour sa part humaine du moins, car elle pourrait bien se survivre à elle-même en tant qu'espèce, mais une espèce mutée, plus tout à fait humaine, campée aux antipodes de l'humain-trop humain nietzschéen. Une humanité qui terminerait son existence, comme de juste, à même l'humus, ensevelie sous les nutriments rien moins que naturels qu'elle aura produits en excès, frémissante encore de cette énergie ancienne, bientôt surannée, qui sourd des profondeurs et que toutes les éoliennes, tous les panneaux solaires ne sauraient plus extraire. Culture pétroleuse que la sienne, brûlant ce qu'elle a pu déterrer, enterrant ce qu'elle a brûlé, ne laissant après elle que terres dévastées, champs de ruine, conquêtes inachevées. Ses chefs d'œuvre sont des ratages subtils, des combustions incomplètes, des propositions tronquées. Acropoles ruinesques, bribes d'expression, fragments de corps et de pensées. Sous-produits post-historiques d'une domination historique.

Puissance quatre de notre activité projective, quadrille de notre esprit au moment où il tente de se saisir lui-même. Nous sommes comme des poulpes complexes – sinon complexés – qui lanceraient leurs tentacules dans un ballet multiple et insipide, mou et lancinant, où des lignées de ventouses propulsées au hasard, et contre le hasard, chercheraient à attraper, à force de mouvements imprévisibles, non pas les choses elles-mêmes mais les combinaisons entre elles et, ce faisant, détruiraient ces choses mêmes puisque les combiner, les relier, c'est déjà corrompre leur essence. Nulle entité ne peut, en effet, survivre à sa mise en relation, y conserver son identité, sauf à considérer les relations elles-mêmes comme des sous-entités d'un genre particulier, dynamiques par nature, comme des essences possédant le mouvement à titre d'attribut ; mais, dans cette optique, il n'y a plus de différence de nature entre les entités et les relations, et la question disparaît avec la réponse... Peut-être la viscosité du poulpe, comme celle du monde – du poulpe immonde – s'origine-t-elle dans l'irrésolution de cette question, depuis la dualité onde-particule jusqu'à l'entropie qui renvoie tout mouvement à son immobilité simultanément perdue et promise. Que le mouvement soit résiduel, accidentel, dépense somptuaire d'une énergie foncière originelle, ou qu'il s'auto-génère dans une mécanique immanente et quasiment perpétuelle, il s'apparente toujours davantage à un tourbillon incontrôlable qu'à une trajectoire limpide et rationnelle. Même saisi abstraitement dans un effort de schématisation, de vectorisation, de mathématisation, le mouvement incline à l'anarchie, à l'approximation, au désordre. Il est en même temps produit et producteur d'entropie, cause et conséquence de cette décomposition, de cette corruption qui faisait horreur aux Grecs et leur faisait porter aux nues la permanence, jusqu'à imaginer un premier moteur immobile, indifférent à ce qui s'ébroue à partir de lui, prévenu contre les emportements, matériels et humains, à l'origine desquels il se situe pourtant.

La complexité du mouvement vécu, notre incapacité à « ramasser » celui-ci dans notre esprit comme phénomène unitaire, sa composition faite d'une infinité de micro-mouvements, contribuent à la dispersion, à l'éclatement de notre attention lorsqu'elle se focalise sur lui. Si l'immobilité parfaite est une lubie et une torture, si l'agitation perpétuelle est naturelle, vitale, nous avons néanmoins besoin de projeter notre esprit vers un idéal de stabilité, point non pas de départ mais d'arrivée, objectif servant de justification à son élan même. Projection monobloc venant contrecarrer les projections disparates et ancrer notre esprit dans une stabilité postulée, imaginaire. Réfugiés dans cet antre rêvé nous pouvons libérer nos tendances les plus hétérogènes avec la garantie qu'elles ne serviront qu'un maître, nous-mêmes. Alors seulement nous acquérons, ou conquérons, la confiance nécessaire pour dormir, aimer, penser, exister. Tout ce que nous faisons de grand se fait ainsi, comme sous hypnose, voire même auto-hypnose. Bien sûr il faut continuer de distinguer l'activité intérieure – la pensée, la création – qui ne nécessite, dans sa solitude, que notre propre sommeil, de celle, extérieure – la politique, les affaires –, qui implique d'engager les autres et donc de les endormir également, ouvrant ainsi la voie aux manipulations de masse et entrant par-là sous la coupe des critiques sociales, de la dénonciation des idéologies. On voit ici que, si l'unité imaginaire de soi est utile pour contenir la dispersion réelle de soi dans l'espace et par le mouvement (y compris le mouvement de la pensée et de la mise en relation, toute pensée n'étant peut-être que mise en relation), elle ouvre secondairement sur une compétition entre les différentes formes de récupération ou de mobilisation dont elle fait l'objet de la part de la collectivité (les idéologies, pour faire court) et débouche sur une lutte entre elle-même d'une part et l'ensemble de ces récupérations d'autre part (lutte pour l'authenticité du soi). L'unité de soi doit donc se défendre contre des formes de récupération qui n'auraient paradoxalement pas été possibles sans elle, mais elle ne saurait envisager de se saborder pour éviter ces conséquences fâcheuses, sous peine de capituler sans combat, de laisser définitivement le champ libre à la dispersion. Or les récupérations idéologiques de l'unité de soi (les aliénations de soi) sont aussi bien des récupérations de son absence possible, de ses échecs annoncés, c'est-à-dire des produits de la peur, de l'angoisse de la dispersion. Ainsi les idéologies jouent de l'unité aussi bien que du morcellement, c'est-à-dire, conformément à leur nature, d'une chose et de son contraire. La conséquence, au plan social, est plus universelle que la cause, située au plan individuel : la société est la plus forte, qui soude les individus au nom de leur unité – on pourrait dire de leur identité – ou de leur peur de la perdre. La dispersion fait office de chiffon rouge agité devant les individus appelés à faire société moyennant l'oubli de leur origine ; elle sert de repoussoir, transcendé et magnifié en crainte collective, en cauchemar partagé, celui d'un éclatement de la société elle-même. Non seulement l'unité individuelle est récupérée, passant du plan individuel au collectif, mais la dispersion également, comme menace sur l'unité commune. Par ce tour de passe-passe la société gagne à tous les étages, transformant l'individu, reconstruit ou échoué, unifié ou éclaté, en animal politique, en ectoplasme social, en grand amnésique, oublieux de son isolement originel, thuriféraire d'une unité politique maintenue sous la menace de sa division constitutive.

Bien sûr l'idée même d'origine est un mythe. Personne, pas même Rousseau, n'a jamais croisé d'individu isolé, qui serait tout droit débarqué d'un temps antérieur à la constitution de la société. On a vu que la notion d'origine fonctionnait moins l'explication objective d'une provenance que comme support subjectif d'une projection. L'origine extra-sociale de l'homme, postulée par la société, est réarmée par elle dans la foulée, en tant que destination utopique. Ainsi la société motive-t-elle doublement le mythe : facteur d'explication – récit des origines –, il est aussi un idéal social, un point d'aboutissement, une justification *ex ante*, cause finale d'elle-même – origine du récit. Se posant comme résultat, effet d'un passé illustre, la société se projette également comme construction, effet anticipé d'un avenir radieux demeurant à construire (on songe au « plébiscite de tous les jours » de Renan et, pourquoi pas, à l'occasionalisme de Malebranche, où un Dieu créateur soutient le monde par son causalisme structurel et continu). Une telle société, adepte de la pensée magique, nous livre l'injonction : « mythifiez, mythifiez, il en restera toujours quelque chose... ». Qu'en reste-t-il en effet, sinon précisément l'organisation collective elle-même, construite sur les ruines de la liberté individuelle, par recyclage de pulsions anarchiques appelées à se rassembler en faisceaux de rhétorique, en panoplies expressives, en présupposés, en propositions ordonnées non pas suivant la logique interne des idées mais en fonction de leur degré de compréhensibilité, d'acceptabilité. Nous produisons ainsi collectivement une abondance de propositions suggestives, supposément novatrices, destinées à être échangées en toute occasion, un peu comme on apporte, dans les cérémonies, quelque gerbe de fleurs, signe ostentatoire d'un sens reconnu et partagé. « Fleurs de la rhétorique », dirait-on ; à quoi on pourrait ajouter « boutons de la politique », promis à l'éclatement sous la pression sociale, quand la foule descend dans la rue en quête d'elle-même ; et aussi « épines de la guerre », quand les boutons ont disparu et qu'il faut maintenir coûte que coûte notre faculté collective de projection ; et encore « parfums de culture » lorsqu'il s'agit de résumer, raconter, enseigner aux enfants le prodige, l'épopée de cette projection, de cette conquête d'un empire qui n'existe que parce qu'il a pénétré, démembré, rattaché à son domaine, comme un rameau supplémentaire à son bouquet, un territoire vierge, d'une blancheur qui le défendait pourtant mais pas suffisamment, semble-t-il, puisqu'il a fini par succomber. Expansion par addition de territoires nouvellement incorporés, dont l'enregistrement s'effectue au fur et à mesure de son avancée.

Nous avançons à reculons, en quête de nos origines, et ces retrouvailles impliquent la négation ou, du moins, la disparition, la déconstruction – la disparation – de toute histoire alternative. C'est dans la recherche de son origine ultime que chaque société en vient à écraser ses voisines aussi bien que ses minorités internes. Quand nous nous cherchons, individuellement ou collectivement, nous supposons que ce que nous allons trouver vaut davantage que les péripéties par lesquelles nous devrons passer, et qui ne seront qu'un retard à l'allumage pour notre accomplissement. Ce parti-pris nous enferme dans une perspective resserrée, saturée d'utilitarisme – de ce genre d'utilitarisme, d'enchaînement vigoureux dont nous ne saurions nous libérer par nous-mêmes.

La conquête enchaîne. Situation bien connue de l'envahisseur envahi dans sa tête, du dominant dominé, du colon colonisé. Constat insuffisant car il faudrait ajouter que l'acculturation, si elle s'exerce volontiers des sous-cultures vers les cultures centrales, légitimes, intervient fondamentalement au sein d'une même culture, sitôt que pointe l'intention de l'étendre, de l'amplifier. C'est l'ambition projective qui ramène le système référentiel qu'est la culture à un patrimoine brut, à un héritage, à un projectile réclamant de le confronter à ce qu'il n'est pas, non pas tant pour le fortifier, le confirmer, que, simplement, pour le mettre à l'épreuve, en mouvement. Dynamisation de la culture, devenir balistique du patrimoine, projection d'une introjection. D'abord on immobilise, on fixe, on gèle, puis on réchauffe, on secoue, on agite. On met en branle ce que l'on a préalablement congelé, pour mieux le faire mousser. C'est ainsi qu'à partir d'une poudre sans secret, sans profondeur, on fait jaillir de sa bouteille archétypale le soda qui incarne un empire, un paradis d'acculturation. « Cola » ici, « coca » là, océan pétillant, grand jacuzzi de la sous-culture, écume des nuits triomphantes...

Donc, la conquête. Nous ne supporterions pas une vie immobile, privée de la perspective, de l'espoir de nous déplacer un jour, d'« évoluer » comme on dit. Mais pourquoi nécessairement du *moins* vers le *plus*, du *moins bien* vers le *mieux* ? Parce que l'inverse représenterait une défaite, une régression ? Parce que seul le progrès serait désirable ? A moins qu'on ne désigne d'abord par progrès, par positif, le scénario que l'on désire ? Mais il nous arrive parfois de désirer, d'organiser notre perte, de nous y complaire ou de nous y résoudre, du fait des circonstances ou d'un trait de notre caractère, telle la névrose d'échec. Pour celui qui le désire, l'échec en est-il un ? Oui, si l'on considère le résultat de l'action, le ratage, la dynamique d'autodestruction. Non, si l'on s'intéresse à la pure activité comme accomplissement de soi. Mais n'y a-t-il pas une manière positive, et une autre négative, d'organiser ou d'accompagner sa propre disparition ? Savoir mourir, par exemple, est-ce éteindre tout désir ou bien identifier le bon objet du désir ? On peut certes désirer des objets factices, des transcendances repeintes en bleu et en doré, des idéaux ascétiques recouvrant des pulsions inavouables, des trésors de kitsch rétrécissant la pensée. Mais dans tous les cas on aspire à la tranquillité, à la résolution des tensions, laquelle s'obtient soit par diminution des pulsions, soit par leur satisfaction, soit par une combinaison des deux. Or la projection ne favorise aucune de ces deux voies si ce n'est, bien malgré elle, par la dispersion qu'elle induit. En me projetant, en rassemblant mes moyens au service d'une fin désirable, je me perds puisque, ayant admis que je dois m'agencer d'une certaine façon pour conforter mon idéal du moi, ayant reconnu en moi des parties qui doivent se mettre au service d'une fonction supérieure, je hiérarchise mes forces, ce qui est une bonne chose, mais j'opère aussi à l'intérieur de moi une distinction, à bien des égards fatale, entre fins et moyens, buts et procédés. Je discrimine en moi le maître et l'esclave, le sujet et l'objet, j'ordonne mon corps et mon esprit dans un sens ascétique. J'apprends à gérer le temps, à retenir ma respiration.

Tout apprentissage, si noble d'apparence, pourrait bien n'être qu'une projection au ralenti, une sorte d'explosion lente, de décomposition organisée, d'agitation canalisée. Car qu'est-ce qu'apprendre ? Se saisir – prendre – quelque chose à l'extérieur pour l'assimiler, se l'approprier et, finalement, s'en trouver modifié soi-même – cette dernière étape étant indispensable pour passer, justement, de la simple acquisition à un véritable apprentissage. L'apprenti se présente vierge, ouvert, inquiet, aux aguets, désireux d'acquérir, de progresser. Il a l'œil vif et l'oreille attentive, prompt à reproduire les gestes, les pensées du maître. L'apprenti est un aspirateur à vérité. Mais que devient son être à mesure qu'il se complète, s'enrichit, se nourrit de l'enseignement reçu ? Croit-on vraiment qu'il acquiert en toute simplicité, en toute neutralité, ce dont il était dépourvu ? Qu'il ne réagit pas, qu'il n'agit pas en retour sur les sources qui l'informent si bien ? L'apprentissage intense qui irrigue les sociétés de l'information, qui y fait avancer, progresser les individus, qui justifie leur existence et leur fait garder le moral, cette acquisition et cette transformation continues – on parle de formation continue ou tout au long de la vie et on ne croit pas si bien dire – ne saurait se dérouler sans rétroaction permanente, sans retour de bâton au niveau intime, car c'est une réaction naturelle pour l'individu de compenser, par une perte spécifique de, et dans, son être, la moindre acquisition, la plus infime adaptation, l'enseignement le plus anodin. Il nous est quasiment impossible d'agréger un élément inédit à notre expérience globale sans manifester aussitôt, par un regard aiguisé, une attitude transformée, l'expression tangible de notre état rénové, le coût qu'a représenté cette addition, cette mini-révolution intérieure, révolution de palais que nous voudrions retourner, jeter à la face du monde, réclamant de ce dernier une preuve en retour, comme un accusé de réception de notre compétence toute neuve. Les enfants, champions de l'apprentissage, en apportent la démonstration permanente, eux qui, sans pitié ni répit, nous renvoient à la figure dans les moindres détails ce que nous leur apprenons – ils nous renvoient d'abord à notre position, à notre responsabilité d'initiateurs, refusant de prendre sur eux les changements qui les traversent, nous entraînant de force dans les méandres, et les risques, de leurs modifications intérieures. L'apprentissage conduit donc à projeter et introjeter. On ne saurait acquérir, assimiler des bribes, des poussières du monde sans lui rendre la pareille. Celui-ci se charge d'ignorance – notre ignorance -, qu'on croyait en voie de résorption, de dissipation en quelque sorte, alors que, se divisant, se ramifiant, elle s'enfonce plutôt, elle fond, irrigue souterrainement notre environnement, occupant ses moindres interstices, ses plus étroits canaux. Rien ne se crée ni ne se perd, et surtout pas notre virginité, notre niaiserie profonde, cette indécrottable ignorance dont nous arrosons copieusement nos alentours, croyant cependant nous instruire, nous améliorer.

*

* *

L'homme est un animal perfectible : c'est là tout dire et ne rien dire. Car le point de perfection devrait être non pas l'homme en soi, mais l'homme en relation avec son environnement. Non seulement au plan écologique mais aussi économique, psychologique, ontologique. Importance de l'économie, de l'équilibre domestique, de la gestion quotidienne des savoirs, savoir-faire, savoir-être, comme on dit. A condition de prendre tout cela au sens individuel, profond, intuitif ;

de prendre les sciences humaines comme des sciences de soi. Soin, souci de soi, comme disait Foucault, mais pris en un sens vraiment logique, presque épistémologique. Donc, faire descendre les sciences humaines vers la psychologie individuelle, faire remonter la conduite personnelle vers une problématique plus cognitive, préscientifique. A ce point de rencontre, qui est en fait un plan, le fameux plan d'immanence de Deleuze, l'individu s'éclate, consomme, broie l'espace, l'aplatit, cherchant à percer ce plan en tout point, de toutes parts, et n'y parvenant pas puisque ce plan est toute sa dimension – immanente. Chaque individu transporte ainsi avec lui son plan personnel, tel un vagabond à la peine son bagage encombrant, ou un saltimbanque agile son attirail ingénieux ; plan encadré, incliné, voile que vient caresser la brise de l'être, surface où rien ne prend, où aucune trace ne dure car elle est justement la somme de toutes les traces, l'ardoise magique qui se marque d'un rien mais renvoie au gris de l'existence. Et parce que nous pérégrinons au hasard des obstacles et des rencontres, usant de notre adresse (aux deux sens du terme) pour mieux négocier les aléas de la route, nous en concluons à l'utilité d'un savoir-naviguer, à l'avantage comparatif d'instruments de navigation perfectionnés adaptés à ce plan qui pourtant n'était au départ qu'indétermination et imprévisibilité. Comment en sommes-nous arrivés à une vision aussi utilitariste de notre insertion dans le monde, de la navigation dans ce plan d'immanence à la fois intimiste et impersonnel ? Il y a manifestement fusion, et confusion, du plan et du tracé, du fond de carte et du trait ou, plus adéquatement, rencontre, croisement du plan vertical de la puissance avec le plan horizontal de l'actualité et, à leur intersection, naissance du trait, crissement inaudible d'une pointe fine, d'une pointe sèche par où s'écoule cependant de l'encre, en un saignement abstrait, incolore, évoquant fugacement la corruption de l'humide pour s'assécher aussitôt.

Dans et par cette écriture nous sommes supposés progresser, accumuler de l'expérience, de la culture. À tout le moins une telle sédimentation graphique conserve le souvenir de notre relation au monde et nous empêche de croire que nous progresserions par nous-mêmes, en nous-mêmes, entités souveraines faisant fi de leur environnement. Ce qui nous ferait croire cela, ce serait l'oubli de cette culture justement, l'occultation de ses origines, choses qui pourraient survenir si notre voile ample et tendue se voyait déchirée, remplacée par une multitude d'écrans conceptuels, rigides, opaques, inarticulés. Alors nous jurerions que ce progrès qui nous emporte, cette pulsion d'avancer, cette projection grossissante et systématique de nous-mêmes comme vecteur balistique, comme aéronef traversant le temps, nous serait donnée en privilège, nous délivrant de la stagnation où s'engluent les animaux, nous détacherait du fond obscur de la préhistoire. Nous deviendrions accrocs, la projection se muerait en un réflexe, en une nécessité psychologique : nous serions devenus des projecteurs ambulants.

Croyant projeter, nous introjetons. Nous ne pouvons nous détacher de ce qui provient de nous-mêmes ; le parti-pris, la conviction du pas en avant nous fait retomber dans les ornières qu'on croyait dépasser – puisque l'on a tendance à tomber vers là où on penchait déjà. Les conservateurs sont en fait des tenants d'un progrès orienté vers l'arrière – une régression positive, en somme. À l'inverse, ceux qui visent un avenir radieux ne font que regarder dans le rétroviseur. La distance qui nous sépare de l'écran de nos projections, cet intervalle où vibre notre subjectivité – vibration qui est une succession d'inversions du sens de la marche – cette portion d'espace où s'accumulent nos attentes, transforme immanquablement en miroir, en obstacle à toute vision au-delà de lui-même, ledit écran, promu dès lors en voile indéchirable infranchissable, en tissu d'opacité – plan de transcendance par où suinte la normalité, la verticalité coupée qui pèse sur nos choix, qui donne sa couleur officielle à notre liberté. Garantie de l'art officiel, officialisé, historicisé, valeur de l'art-signe dont la critique a maintes fois été faite mais qui règne toujours en maître, même et surtout quand il prétend rapporter sans fard et sans intermédiaire la subjectivité d'un artiste, pourvu que celui-ci ait l'amabilité de s'intéresser à nous, à la société, à ce qui fait politique. Conservatisme inévitable, plus réactionnaire que la réaction même, laquelle se rebelle plutôt contre la dictature du présent.

*

*   *

La projection fait de nous des animaux politiques, et d'une certaine politique. L'individu moyen, par nature conservateur, n'a pour contradicteurs que les anarchistes, les minoritaires, les sceptiques – tous ceux qui brisent les miroirs, éteignent les écrans pour les rendre à leur transparence ou à leur opacité, assument les réflexes ancestraux du retrait, de la non-participation, de la non-construction créative. La pensée est incontrôlable, son éveil met en danger la société, en menace la cohésion. Où va l'homme quand il pense, vers où incline son âme ? Ces questions demeurant sans réponse alimentent l'inquiétude des autorités, tout à leur tâche de gouverner, protéger, conserver. Tâche nécessaire, vitale, pour une société dont l'ouverture mondialisée ne diminue en rien la sédentarité. La projection est une installation, une opération bourgeoise, un pari sur l'avenir, un calcul sur le passé – sur-valeur du surpassé ? La micro-projection psychologique, inhérente à notre survie comme individus, n'y échappe pas, faisant de notre individualité, justement, un acquis bourgeois à conserver, à entretenir, à faire fructifier. Nous sommes des entreprises ambulantes, des organisations nomades opérant sous régime sédentaire, et la mondialisation est bien cela : fluidité des organisations, des échanges mais enracinement des esprits et des institutions. Il faut nous imaginer conduisant notre corps, équipé de tous les rétroviseurs ou capteurs possibles, aéronef piloté aux instruments, flottant au-dessus des lagunes, des estuaires, des isthmes, des frontières en voie d'effacement, dans un monde où prolifèrent les nouvelles barrières de l'esprit, les tranchées profondes des ségrégations instituées. Des « moi » de droite dans une géographie de gauche, ou l'inverse, en tous cas une dissonance géopolitique que résout le gouvernement du centre – de la raison autocentrée.

Militants animés par une conviction, porteurs d'un message. Quel meilleur moyen d'oublier qui nous sommes, d'éliminer les doutes inhérents à toute approche scrupuleuse du réel ? Il faut certes accepter de prendre position sur l'échiquier politique – toute pensée, même personnelle, est politique – pour accéder au stade suivant, qui est d'élaborer un discours, de le mûrir, de déployer une action. On renonce alors, en effet, aux subtilités, aux nuances, aux découpes fines du réel, mais cela ne signifie pas renoncer aux subtilités de la pensée elle-même : plutôt de porter à une autre échelle ces nuances, ces infimes décalages ; de les transposer de la dimension micro de la réflexion personnelle à la dimension macro de son application au champ social, économique. La justesse, en politique, est une extension de la finesse de pensée ; l'honnêteté, une extension du scrupule ; la force, une extension de la pertinence. Ainsi passe-t-on de la sophistication du raisonnement à l'universalité de l'action, nécessairement respectueuse de la nuance – même incomprise, non assumée, dérobée à la pensée d'autrui.

La question, pour nous, est celle de notre pertinence à être ; celle de la légitimité de nos nuances, de nos décalages intérieurs, à s'exprimer, à s'afficher publiquement et à guider notre action. Comment donner libre cours aux légers déphasages qui affectent notre pensée, la perturbent discrètement, la portent et la ballottent, tout en assurant leur prise correcte sur le monde, leur acceptabilité par autrui, laquelle réclame un minimum de rationalité apparente ? Cette dernière prend plusieurs formes. Elle peut revêtir les habits de la modération : équilibre, mesure, contrôle. On n'affirme de soi que ce qui est compatible avec les catégories communément admises. Elle peut aussi s'appuyer sur la force de l'évidence : les menus décalages de notre pensée peuvent, par la qualité des contrastes qu'ils génèrent et la richesse de leur articulation, emporter la mise au moment de s'extérioriser, nous conférant cette assise et cette sûreté du regard qui aident à (se) convaincre. Enfin, l'expression des décalages, nuances et interactions s'enchaînant au sein même de notre réflexion, nous permet de montrer que sommes capables d'envisager tous les aspects d'un problème, de nous poser à nous-mêmes toutes les questions ; elle donne à nos interlocuteurs l'impression que nous « pensons à haute voix », que nous discourons avec nous-mêmes, impression qui emporte avec elle une grande puissance de séduction, d'adhésion – rejoignant ici le procédé rhétorique consistant à « faire les questions et les réponses ». Modération, évidence, discursivité : on retrouve ici, incidemment, une sorte de discours de la méthode, appliquée non plus à l'établissement de la vérité comme adéquation de la pensée avec les choses mais comme adéquation, plus existentielle, du versant inté-rieur de notre pensée avec son versant extérieur – harmonie, concor-dance inscrite sur nos habits, sur l'étoffe qui nous sépare et nous relie à autrui. Parce que nous portons l'autre en nous, nous nous divisons autant que nous devisons, nous nous partageons, nous nous compar-timentons, nous glissons le long des toiles tendues, plissées, pliées, qui nous traversent et nous constituent. Êtres de tissu, créatures aux textures variées et aux textes filés, notre nature chatoyante, notre côté *fabric*, *arty*, *handcraft* séduit en profondeur, force l'empathie. Il faut bien cela pour combler le vide, réduire la distance qui nous sépare de nos semblables, gagner leur sympathie. Sans cet aspect toilé, tissé, sans les allers-retours du langage, sans la culture et le labour du sens, nous demeurerions isolés en notre maison, seuls à habiter un monde froid et hostile ; nous ne rencontrerions que des alter-ego indifférents à notre différence, à notre énergie créative. Finalement nous parvenons à être en phase avec les autres par l'entremise des multiples décalages qui nous déphasent au regard de nous-mêmes : comme dit la sagesse populaire, il faut se perdre pour se (re)trouver – en trouvant les autres.

Artisans de nous-mêmes. Nous passons la navette comme des tisserands, nous faisons la navette notre vie durant entre nous et les autres, entre l'image qu'on leur donne et celle qu'ils nous renvoient, entre les différentes images de nous-mêmes, reflets qui semblent nous préexister, nous attendre, anticiper nos variations. Il faut nous imaginer circulant, nous faufilant parmi ces images dressées, plantées comme des panneaux, comme les bornes d'un slalom géant dont nous négocions au plus serré les virages, lesquels à chaque passe laissent apparaître de nouveaux paysages, de nouvelles perspectives. Sommes-nous modifiés dans notre apparence extérieure par ces changements de point de vue ? Autrement dit, le regard des autres sur nous dépend-il de notre regard sur eux et sur le monde ? Regards croisés dont on incline à penser qu'ils tissent un deuxième réseau, après celui des images, un tissu d'échanges où viendrait s'inscrire notre trajectoire relative, le fil rouge de notre identité dynamique, ouverte, toujours en mouvement. Il est à craindre cependant que cette belle description, dans son dynamisme, dépasse en esthétique, précisément, la réalité plus prosaïque de notre identité et de son insertion relativement statique dans son environnement. Et que notre propension à bouger, varier, alterner, embellisse artificiellement ce qui en nous n'a pas vocation à changer. Nous introduirions donc facticement, car de manière fortuite, par le jeu des regards croisés, une esthétique du mouvement qui ne parviendrait pas vraiment à donner le change, à « impacter », comme on dit, notre essence profonde. A ce titre nous serions en quelque sorte les faussaires de nous-mêmes, produisant une image frelatée de ce que nous sommes. Abreuvant de la fluidité des échanges, enrichissant de la multiplicité des métamorphoses le chemin aride de notre devenir, nous opérerions un renversement de valeur, une inversion de perspective qui nous permettrait de revendre à bénéfice notre indigence fondamentale. Belle opération, sorte d'OPA amicale sur notre propre destin. Au détriment, bien évidemment, de l'authenticité et de la vérité.

On pourrait certes émettre l'hypothèse inverse, à savoir que le mouvement soit premier, le changement essentiel, et que notre identité ne soit qu'une photographie prélevée sur cette réalité mouvante. Mais cette conception de l'entité comme coupe d'une trajectoire, effet momentané d'une relation changeante, cette conception, poussée au bout, suppose autour de nous un entrelacs si confus de liens, la prolifération de réseaux si denses, que leur appréhension s'assimile à celle d'objets généralisés et dont l'immobilité apparente dérive de celle de l'espace lui-même pris dans sa totalité, auquel leur expression infinie tend à les assimiler. À ce point de renversement, on ne peut sauver le mouvement, éviter sa paralysie par saturation, son blocage par excès, qu'au prix d'un passage à la limite : soit à considérer que l'espace global serait lui aussi mouvant, mais à une autre échelle, par-delà des limites que nous lui assignons d'ordinaire ; soit à poser le mouvement essentialisé non comme la subsomption d'un dynamisme dans la fixité d'un concept mais au contraire comme la contamination de toute essence par un principe de modification, de corruption, d'hybridation. D'un côté on repousse à l'infini l'imbrication des mouvements dans un ensemble toujours plus vaste qui ne saurait s'arrêter à l'horizon d'une fixité. De l'autre côté on descend dans le détail, dans l'analyse des entités, jusqu'à n'y trouver plus que l'instabilité fondamentale qui les sous-tend. Pureté, entièreté d'un mouvement englobant, surplombant, d'une part, corruption du mouvement omniprésent d'autre part : double contrainte, injonction paradoxale d'une physique et d'une métaphysique mutualisant et échangeant leurs obligations, leurs présupposés. Nous aspirons au symbolisme le plus éthéré, à l'immatérialité de la flèche, du vecteur – flèche de l'amour allant droit au cœur, idée limpide pénétrant la vérité, action héroïque impulsée à travers la contingence. Cependant cette aspiration nous conduit tout droit vers l'imagination la plus débridée, la plus désordonnée – nous recueillons, au cœur même de nos idéaux, la matérialité refoulée, les résurgences du désir, l'irruption du désordre et nous nous laissons envahir par des visions d'horreur, des spasmes d'impuissance, des délices d'abandon. L'une dans l'autre ces deux options, ces deux chemins se font complices de notre échec, de notre inaboutissement. Fausse alternative qui sépare sans justification ce qui aurait dû rester groupé, lié. Complot de la logique distinguant dans les choses leur perception distante – le mouvement pétrifié – et rapprochée – la permanente zizanie. Nous ne rejetons pas les propositions complotistes, nous recourons volontiers aux explications paranoïaques, imputant au monde qui nous environne la faute de divisions que nous y avons nous-mêmes introduites. Nous allons tranchant, séparant, expulsant, nous nous comportons comme des machines à extirper, exprimer, soutirer ; nous croyons y trouver là notre bénéfice alors que nous semons la désolation et récoltons l'incompréhension comme prix de notre prétention, de notre impérialisme.

Le premier des empires est en nous. Domaine intérieur que nous agressons, sollicitons, exploitons à outrance. Pas d'ordre, pas de hiérarchie, plutôt une domination sans partage, qui écrase tout. Comment peut-on s'écraser soi-même ? Non pas juste se détruire – l'autodestruction est encore très sociale – mais s'écraser comme une bête, se traiter comme un parasite, se qualifier de superfétatoire, par un dédoublement, une double instanciation, un artifice sans pitié consistant à se pointer du doigt, de son propre doigt, trempé dans sa propre sueur, rougi de son propre sang. Intimité cruelle, terrible promiscuité où le bourreau connaît parfaitement sa victime. Notre connaissance de nous-mêmes est une torture qui nous assigne le double rôle de persécuté et persécuteur, sans qu'aucun sauveur ne puisse intervenir, faute d'être missionné par une société portée aux abonnés absents. Maladie de l'isolement donc, qui nous contraint à nous soigner nous-mêmes. Nous nous auto-accusons d'abord de folie, nous nous auto-inoculons le germe de la déraison. Nous établissons notre propre diagnostic, nous nous décrétons en quarantaine, nous condamnant nous-mêmes à l'éloignement, à l'exil sanitaire. A force d'arracher les choses à leur complétude nous finissons par nous scinder à notre tour, nous interdisant toute perfection, toute compréhension. Nous n'embrassons, nous ne (com)prenons plus rien et nous en incriminons la vie qui ne retiendrait rien dans ses pinces. Mais qui a fabriqué ces pinces trop grossières, ces filets trop lâches ? Quel pêcheur trop négligeant laisse glisser entre ses doigts le poisson frétillant, la vérité subtile ? En séparant les choses nous les avons amenuisées et, devenus les géants de la création, nous nous retrouvons pris à notre propre piège, héros malheureux d'un conte absurde. Sacrée tradition, déni de justice, perpétuation de notre self-domination.

Nous gouvernons. Souverains acides, tranchants, sûrs de leur pouvoir et surs comme des fruits inaboutis. Nous sommes durs, épais comme une muraille. Nous hurlons sitôt qu'on nous remet en question, qu'on nous regarde de haut. Nous sommes des petits maîtres, des petits mâles blancs, nonobstant notre genre et la couleur de notre peau. Nous heurtons le sol, le frappons férocement, nous jouons à faire peur, à menacer le bonheur des autres. Lestés de notre expérience nous emportons toute nuance, nous accumulons les torts. Spécialistes de l'improbable, nous ôtons tout fard à la vie, nous la rendons à sa crudité, nous l'exacerbons pour la mauvaise cause. Nous émettons des ondes intrusives qui pénètrent les corps, électrisent les esprits. Nous soumettons, nous relativisons le réel par un mouvement d'élévation, d'absolutisation, juchés sur l'estrade, épinglés au top des réseaux sociaux. Nous, et le vide : tout le reste a fui, s'est consumé. Nous avons épuisé le monde, nous l'avons saturé de nos hypothèses aussi gratuites qu'absurdes ; volontairement nous l'avons réduit, poussé dans une impasse, restreint à une perspective close, pressé contre, tout contre, nous-mêmes. Nous sommes la voie sans issue où vient s'échouer l'infini, s'éteindre le flux bouillonnant, rafraîchissant, de la création. Nous sommes le bouchon, l'occlusion, le tampon universel, la marque d'une supériorité, l'incarnation de la finitude, de la clôture du monde. Jusqu'à nous est parvenue la vie mais, en nous, elle cesse de battre. C'est ainsi que nous affirmons notre puissance : nous sommes le décret, le mandat d'arrêt de la vie.

* *

*

* * *

Chapitre 2

Puissance productive du décalage

Grand bouchon contre petits décalages. Apoplexie, souffle court. Notre psychologie tend à l'accumulation. Accumulation régressive, introvertie, coupable ou, à l'inverse, projective, expansive, agressive. Cela se termine souvent en explosion, ou en implosion. Cela s'intensifie puis cela casse. L'intéressant est alors la brisure, la rupture, car elle permet d'évacuer le surplus de vécu, aussi bien que de non-vécu. Excès d'un même genre, excès du même : lassitude.

Toujours la même chose : impression subjective ou constat objectif. Toujours plus : phénomène universel. Même en cas de diminution, d'épuisement, de raréfaction : augmentation négative, toujours *plus* de *moins*. Et re-lassitude.

Il faut considérer plus avant cette affaire de quantité : que le moins, accumulé, répété, s'interprète comme plus. Soit que l'enchaînement des retraits, des diminutions, s'apparente à une prise de volume, à une négativité accrue qui affirme la positivité d'un gain – à ce titre toute perte en série, tout supplément de déficit est un gain du point de vue de l'accumulation, qui tire son bénéfice (second) au passage. Soit que l'enchaînement ait un effet indirect sur l'esprit, un effet subjectif : quelle que soit la valeur de ce qu'il enchaîne (positive ou négative) l'esprit le prend comme supplément, continuité, accumulation d'action. Peut-être les deux possibilités se conjuguent-elles, assimilant la soustraction à l'addition d'une couleur, sinon d'un signe, particulier. Ainsi, face aux pires dépressions, aux problèmes et aux échecs à répétition, confrontés à la décadence, au déclin, voire à la catastrophe annoncée, aux situations les plus désespérées, nous construisons encore, nous échafaudons des possibilités abstraites, des solutions putatives. Nous pensons, nous pesons jusqu'au vide, que nous remplissons de nos élucubrations. Il nous est manifestement impossible de diagnostiquer froidement l'absence, l'absurde. On a longtemps mis cela sur le compte de la religiosité : l'homme, ayant horreur du vide, parvient à l'occulter en s'enivrant de l'opium des croyances, aussi bien que des narcotiques les plus primaires. On pourrait également incriminer la fureur de construire, d'élaborer, d'échafauder. L'homme est un animal travailleur. De ses mains, de son esprit, il lui faut faire quelque chose. Il n'envisagerait pas d'exister sans agir, sans avoir, par son action, un impact, fût-il négatif, sur le monde.

*
* *

Équivalence, interchangeabilité du décalage et de la perte. En économie comme en psychologie le signe algébrique du mouvement, du déplacement, dépend largement du point de vue où l'on se place, de l'échelle adoptée, du système local de référence, voire même, simplement, de l'unité de mesure. Si en tant qu'individu je perds sur un plan, il est possible que je gagne sur un autre. Il est également possible que, restant sur le même plan mais considérant mon action à l'échelle de mon groupe d'appartenance, et à condition d'en élargir suffisamment la portée (famille, voisins, amis, collègues, concitoyens, congénères...), je m'aperçoive que ce groupe tire quelque bénéfice de ma perte individuelle et, réciproquement, quelque déficit de mon gain. Tant que je conserverai, que je réserverai la capacité d'élargir, d'étendre mon point de vue, je trouverai en moi les ressources nécessaires pour rebondir, pour intégrer, exploiter la nouveauté. La nouveauté est un plus et un moins, elle ajoute pour retrancher, elle prive pour prodiguer, elle obscurcit pour éclairer, elle nous surprend pour nous déprendre et pour, finalement, nous laisser reprendre le cours de notre vie. Ainsi avançons-nous, cahin-caha, un pas en arrière et deux en avant, dans une sorte de tango où le recul se mue en avancée, où le retrait se retourne en extraversion. Mais cette puissance cachée de la vie, cette capacité qu'elle a de recycler ses pertes, de surmonter ses échecs – c'est bien cela sur-vivre ou re-vivre –, cette botte secrète, cette sécurité inattendue, inespérée, a quelque chose, justement, de désespérant, comme s'il manquait à notre existence le vertige des profondeurs, la saveur des gouffres. Nous voudrions survoler les reliefs les plus tourmentés, quitte à installer préalablement un filet de sécurité, un relais de crédulité, un renfort métaphysique. La sécurité dans la platitude, la certitude du nivellement, le changement par la transition douce, l'adaptation par le calcul intégrateur, tout cela nous désole, nous isole du groupe et de nous-mêmes, nous ennuie. Profondeur de l'ennui certes, mais profondeur secondaire, dérivée de la première, de l'authentique, celle que nous regrettons de n'avoir pas connu. Sans effroi initial, sans catastrophe liminaire, notre vie piétine, patine, tourne en rond. Vivre intensément exige d'avoir surmonté une épreuve au départ, au partage premier de la vie, d'avoir arraché cette vie à des conditions impossibles, à des injonctions contradictoires. Victorieux d'un jeu de dupes, démystificateurs d'une tentative de tromperie, nous partons d'un rire sardonique en quête de notre Graal, nous escaladons les montagnes qu'une puissance anonyme a dressées sur notre route. Chacun de nos pas est alors une bascule, un complément savant, un jeu d'équilibre, un déplacement de notre centre de gravité dans une continuité maintenue, une translation sans heurt. Nous sommes le lien entre nous et nous-mêmes, nous nous tenons par la main. Cordée où nous tirons et poussons, où nous sommes les premiers et les derniers, où le cap est donné par le groupe qui n'est qu'une multiplication, une reproduction de nous-mêmes. Monde étrange peuplé d'ombres et de sosies reliés entre eux par des traits affinitaires, caravane montant et descendant par les voies, les défilés, les cheminées, les failles et crevasses qui prolifèrent sur la surface gercée de la terre – une terre dans laquelle nous reconnaîtrions la figure de la Mère, n'était l'indécidabilité foncière de notre identité prise dans les reflets, les apparentements, les scissions et les dédoublements. Malgré tous nos efforts pour éviter les pertes nous nous décalons sans cesse, à chaque respiration, chaque intention, chaque amorce de mouvement. Nous construisons comme une somme, une intégrale, un éventail de possibilités, une multiplication de franges, de bandes-frontières, de zones transitoires ; rien en nous n'est stable, solide, définitif ; nous bougeons, nous copions-collons, nous évoluons dans le vent et contre le vent, nous sentons que tout en nous est positif, s'agrège patiemment, et que de cet amoncellement d'expériences nous ne saurions nous défaire ; la défection est d'ailleurs ce qui nous tente et nous effraie, le trou béant est ce qui nous attire et nous menace, avec en son fond la terrible épine qui pointe, le mât de torture où serait exhibée notre effigie, spectre horrible prouvant, paradoxalement, que nous n'existons pas, que nous n'aurons été qu'un songe.

Un songe. Une rêverie. Un défaut. L'exact opposé de la plénitude non pas monolithique mais composite, que nous pensions atteindre par la succession des décalages, des emmarchements qui allaient soi-disant conduire nos pas de degré en degré vers une sorte de couronnement existentiel. Sur le sommet tronqué de la pyramide, dans le confort ouaté du *penthouse*, comblés de la gloire d'avoir (sur)vécu et, même, réussi dans la vie (sinon réussi notre vie), nous nous croyions définitivement débarrassés du négatif. La stratégie avait été la bonne, consistant à opérer par recouvrements successifs, dans la jouissance de ce qui s'enchaîne, de ce qui manifeste l'avancée inexorable de la volonté, de ce qui dépend de la vie et l'exalte en retour. Relation circulaire entre la volonté, sa réalisation et sa manifestation. Nous étions schopenhaueriens : le mot juste, la force tranquille, la désillusion satisfaite. Mais voici que transparaît le vide à travers toute chose, et que toute chose transparaît dans le vide même. Il se peut que la densité de notre vécu n'ait pas atteint un niveau suffisant pour en assurer l'impénétrabilité, ou bien que cette densité, indépendamment de son degré, ne soit pas de nature à assurer la résistance requise pour nous garantir d'une contamination par le vide. Quoi qu'il en soit le résultat est le même : le vide nous envahit et nous ressuscitons diaphanes. Nous résonnons, et raisonnons, comme la mort, qu'il convient alors de rendre attractive. Faire une nouvelle fois la culbute, transformer le regain de négatif en perspective de croissance, reproduire en grand, au niveau des mythes et des songes, l'opération que nous avions effectuée à l'échelle microscopique de la matière, de l'énergie vitale. Ayant appris à retourner, à renverser les valeurs communes pour tirer du quotidien une joie rebelle, il conviendrait de mobiliser ce savoir pour transfigurer, à leur tour, dans un ordre plus élevé, les symboles, les signes cabalistiques, les discours eschatologiques. Serons-nous capables d'une telle transposition ? L'accumulation au jour le jour des micro-décalages, certes réjouissante, ne nous aura-t-elle pas épuisés ? Ne nous laisserons-nous pas surprendre par le changement d'échelle, par la reconsidération de ces petits pas mentaux successifs, de ces petits sauts enchaînés qui, malgré leur importance indéniable, se trouveront brusquement affectés, dans leur réalité même, par un effet insidieux de transparence, de préemption du sens, de détournement religieux ? Dans ces circonstances il faudrait nous faire exégètes de nous-mêmes, nous saisir comme sujets et objets d'explication, parler plus fort pour nous convaincre, dans une sorte de déclaration kérygmatique improvisée, que nous ne sommes pas perdus, que notre chair et notre volonté unies n'abandonneront pas notre vie à sa faillibilité quand viendra l'heure où les nuées, où les jugements voudront nous emporter vers l'apocalypse. Il nous faudrait déjouer, par une dextérité nouvelle, par une sorte de prêtrise personnelle, les forces néantisantes qui nous assaillent. Surmonter, en quelque sorte, la traîtrise des éléments, moyennant la maitrise de nous-mêmes.

Nous ne voulons pas devenir prêtres. La figure triste et sombre du sachant, qui jette la lumière, en même temps que l'opprobre, sur le (non-)savoir des autres, qui les interpelle et les culpabilise, les interroge et les ratatine, les renvoie au côté malsain de leurs idées, nous répugne. Ce personnage repoussant représente cependant une part de nous-mêmes, puisque toute idée nouvelle, toute découverte que nous faisons vient renforcer le niveau de contraste, le noir-et-blanc qui scande notre progression spirituelle, chaque élément de savoir, aussitôt acquis, venant se déposer sur la pile de nos connaissances existantes et en presser davantage la somme déjà contrainte. Comment s'agrège le savoir, comment il se combine avec lui-même pour soutenir la psychologie rudimentaire de ceux qu'on a coutume de désigner par le terme bien choisi de « sommités », voilà ce qu'il convient d'éclairer. L'accumulation – on voudrait dire l' « accumulativité » – d'éléments cognitifs, plus subtile que l'enfilage de perles sur un habit d'académicien ou que l'égrenage d'un chapelet, la « granularité » donc, terme paradoxalement revenu en odeur de sainteté avec ses acolytes, « flexibilité », « agilité », suppose que chacun de ces éléments puisse s'ajouter à, sinon se combiner avec, ceux qui le précèdent dans la série des connaissances, sans ce faisant les détruire, sans les oblitérer par la lumière nouvelle qu'il jette sur eux, sans les renvoyer dans l'ombre sous l'effet de la clarté à peine consommée, assumée, de ses propres conclusions. Chaque acquisition d'une idée se présente en effet comme une micro-conclusion, une fermeture provisoire du canal du savoir, flattant notre désir de forclusion, d'occlusion. D'une certaine manière le savoir s'épuise lui-même, et nous épuise, par son appel à l'exhaustivité ; il ne laisse après son passage qu'une terre brûlée, un champ de désolation. Confrontés à cette « fatigue cognitive », nous aspirons, bien que nous nous en défendions, à interrompre la progression des connaissances, ce qui demanderait soit de les figer arbitrairement dans leur état actuel, soit de les porter miraculeusement dans une sorte d'état d'avancement ultime où nous n'aurions plus à devoir considérer leurs conclusions comme provisoires, dépassables par leurs développements ultérieurs. C'est sur cette espérance naïve, ce désir de nous épargner effort et souffrance, que mise notre prêtre en noir pour promouvoir ses propositions malhonnêtes. Nous ne savons que faire des idées qui nous viennent, elles nous dérangent par l'espace mental qu'elles occupent en nous, sans toujours le laisser paraître. La figure du prêtre surgit à ce moment précis, sa tactique consistant à relativiser la nouveauté de l'idée, à nous convaincre que, d'une certaine façon, nous l'avions toujours déjà pensée, reçue en notre esprit. Une telle prêtrise, ou traîtrise, peut revêtir la forme d'un rêve, d'un sentiment de déjà vécu, d'une suggestion troublante, d'une pensée incontrôlable, d'une réminiscence, d'une association d'idées ou, moins créativement, d'une sensation de redite, de répétition, de lassitude, d'ennui. L'ennui est le prix de la tranquillité, la rançon réclamée par le prêtre en échange de l'aveuglement qui soulage, de l'enfermement qui rassure. Le prêtre nous passe la main sur les yeux, dans un geste mielleux et fielleux, il nous endort d'un sommeil dogmatique ; il bouche l'horizon ; sa silhouette de crucifié, les bras ouverts, symbolise la clôture d'un monde placé sous le régime de l'introversion.

En tant qu'introvertis nous sommes tous des prêtres, des gens d'église. Nous traînons nos guêtres sur des dalles en pierres, qui résonnent, et nous raisonnons faux. Réfugiés dans l'antre froid de la basilique, environnés d'idées pétrifiées, nous vérifions que nous sommes devenus ce que précisément nous ne voulions pas être, à savoir des concrétions, des agglomérats conceptuels, des blocs compacts, denses comme des pierres. Jusque dans nos chaussures nous percevons des petits cailloux, scrupules nous empêchant de marcher-penser librement. Nous nous recroquevillons, nous nous replions sur nos contrariétés, nous bataillons contre des entités grumeleuses qui nous contredisent de l'intérieur. Nous nous épuisons dans cette lutte, jusqu'à nous convertir en véritables légumes, sortes de cosses avachies, flétries, ayant perdu depuis longtemps la fraîcheur de leurs grains de folie, de leurs éclats de vérité – capsules vitales où clapote doucement un condensé liquéfié de ce que nous fûmes. Car si notre essence, notre identité repose en nous, sur nous, elle se présente sous forme disparate, clandestine, hostile. Nous luttons contre le fond même de notre être, nous tentons de remédier à l'éclatement, à la dissimulation, à la contingence originelles. Nous voudrions conduire notre vie en toute transparence mais il nous faut reprendre à notre compte le sac de billes, de nœuds, le panier de vipères à tête de symbole qui remplit notre vide intérieur. A chacun de nos mouvements notre corps se déforme, telle une besace trop lâche dont le contenu s'imposerait à elle jusqu'à lui faire oublier que c'est elle qui tient l'ensemble. Nous sommes des spectres invertis, des exosquelettes asservis à des principes inconscients, des esclaves soumis à des pulsions obscures. Nous débordons d'une angoisse qui est la résurgence de nous-mêmes, nous rendons le contenu de repas trop vite engloutis, nous recrachons des morceaux d'espérance, de projets mort-nés. Et cela en toute tranquillité, en toute quotidienneté.

*

*   *

Le débordement nous rattrape par accumulation de petits décalages. La méga-surprise n'existe pas : dire « surprise », se dire surpris(e), c'est s'intéresser au plus petit, au plus rudimentaire. La surprise est de l'ordre du *micro* même lorsqu'elle prend pour objet une entité surplombante comme le peuple ou la nation car, alors, son caractère microscopique demeure, relativement à la taille de cet objet. La surprise nous mord les reins, elle lance ses attaques depuis le creux des apparences, elle surgit des épaisseurs moites du réel, rend spongieuses nos certitudes. Par elle nous nous imprégnons d'une réalité effilochée, subtile, pénétrante. Elle fait plus que nous envelopper :

elle nous dilue et nous reconstitue, nous délie puis nous relie, nous décompose puis nous recompose, profitant de notre état transitoire d'ouverture pour s'introduire en nous, qui nous refermons alors sur elle. Inscrite dans notre chair, comment ne serait-elle pas permanente, comment ne nous serrerait-elle pas légèrement dans ses pinces froides à chaque instant, à chaque mouvement que nous faisons mine d'amorcer ?

Une question se pose alors : pourquoi, bien que se perpétuant, la surprise ne finit-elle pas par s'émousser ? Question quelque peu prématurée à ce stade car il serait nécessaire, pour y répondre, d'explorer bien plus avant le mécanisme de la surprise, son lien intime avec le décalage perceptif. On peut cependant, dès maintenant, mettre en avant le rôle de la physiologie à l'origine de la surprise. De chaque phénomène qui survient, de chaque nouvel état qui s'instaure, qu'il concerne le monde extérieur ou notre monde intérieur (idée, impression, état d'âme...) il semble que nous devions immanquablement « rater » le début, être absent de son commencement. Nos sens, notre perception, ne sont jamais assez prompts, immédiats, ou subtils, pour nous alerter au moment précis de l'irruption des phénomènes. Par ailleurs nous sommes dépourvus de cette forme de prescience qui nous permettrait d'anticiper les phénomènes et ainsi de nous tenir prêts à les enregistrer, à les accueillir dans leur démarrage même. En conséquence de quoi nous nous trouvons systématiquement dans l'obligation de reconstituer le début desdits phénomènes, de réinterpréter les situations ayant brusquement ou, même, progressivement, changé, avec tous les risques que cela implique en termes d'erreurs, d'approximation, de contre-sens. Si par exemple un carillon commence à sonner les douze coups de midi et que nous omettons de les compter dès le premier coup – pour que cela n'arrive pas il nous faudrait amorcer notre décompte avant le premier coup, initialiser en somme notre compteur sur zéro afin de pouvoir intégrer le chiffre un – alors nous sommes condamnés à courir vainement après ce premier coup non assimilé, reportant notre retard, notre décalage, de coup en coup jusqu'au dernier, lequel nous prend d'ailleurs lui aussi au dépourvu. Si, autre situation, nous nous trouvons assis dans un avion et que soudainement un passager, sortant une arme de sa veste, tente un détournement, nous ratons alors, non pas nécessairement le début effectif de l'action, mais le préambule qui lui est intrinsèquement lié, à savoir, le moment où ce passager s'est levé, a saisi discrètement son arme, voire celui où il est monté dans l'avion ; moments dont nous étions partie prenante mais qu'il nous faut maintenant réinterpréter, reconsidérer à la lumière des événements ultérieurs – ainsi certains détails, que possiblement nous aurions observés chez ce passager, avant qu'il ne s'avère être un pirate de l'air, par exemple l'amplitude de sa veste qui, de particularité anodine, se transformerait rétrospectivement en procédé de dissimulation d'une arme. Autre situation, si un ami d'enfance nous révèle soudainement que l'identité sous lequel nous l'avons toujours connu est fausse, que son vrai nom n'est pas celui qu'on lui connaît, alors notre surprise portera moins sur cette déclaration étonnante, dont nous ne manquerons certes pas le début, mais sur l'ensemble de notre passé commun qu'il va nous falloir reconsidérer à l'aune de cette révélation. Ces exemples montrent que la surprise a moins pour objet le présent que le passé, auquel elle ôte de la consistance et qui doit être reconstruit, réassemblé en cohérence avec les nouveaux éléments d'information qu'elle apporte. La surprise procède de notre échec à mettre le passé en cohérence avec le présent ; elle manifeste brusquement l'inadéquation du présent logique, produit de la synthèse du passé, avec le présent effectif, tel que redéfini par la surprise elle-même. La surprise nous confronte à notre synthèse inadéquate du passé. Mais continuons sur notre lancée : la surprise peut tout aussi bien découler d'une synthèse inadéquate de l'avenir. C'est le cas lorsque je suis surpris pas le résultat d'un processus, une élection par exemple, ou par une performance réalisée par une personne dont je l'en aurais cru incapable : ici la surprise ne se rattache pas tant au moment où j'apprends ces nouvelles étonnantes qu'à l'anticipation que j'avais d'un avenir probable, et qui s'avère erronée. Synthèse du passé, synthèse de l'avenir sont comme les deux versants artificiels encadrant la ligne de crête, actuelle mais sans épaisseur, du présent ; ligne sur laquelle nous nous tenons en équilibre instable, soumis aux vents capricieux de la surprise qui la balayent incessamment et nous obligent, pour « tenir » à notre place, à nous accrocher précisément à ces synthèses comme à des béquilles ou à des filins devant sans cesse être déplacés, réparés, consolidés. Présent sans consistance donc, où nous sommes condamnés à demeurer car il est notre seule habitation, tendant nos bras à travers les fenêtres du passé et de l'avenir afin d'en capter l'atmosphère irréelle. Ainsi postés, toujours surpris, toujours dans la fuite, l'esquive, une forme pressée d'envol, nous vivons aux aguets, tels un animal s'efforçant en permanence d'anticiper l'inanticipable et dont toute la vie n'est qu'un long tressaillement.

La surprise se perpétue donc ; elle ne disparaît jamais car en elle nous logeons. Elle nous enveloppe, elle est notre éternelle demeure. Des petits décalages qui parsèment notre existence elle n'est pas la généralisation, ni la somme, ni l'extrapolation, mais la condition. Il y a un principe de surprise, incréé, fondateur. Faut-il y voir l'équivalent, en psychologie, du moteur immobile qui anime la physique aristotélicienne, donnant au monde son mouvement sans se mouvoir (s'émouvoir) lui-même ? La réponse est probablement affirmative pour cette part de l'analogie qui renverrait à la transmission du mouvement à partir d'un moteur premier, mais négative pour ce qui correspondrait à un quelconque ordre cosmique. Car il faut bien admettre que non seulement la surprise domine et anime notre expérience, lui donnant son rythme, sa couleur locale, mais elle la maintient dans un désordre

profond, inexpugnable. Il y a comme une complicité entre le décalage vécu localement et le désordre global, entre l'accumulation des
irrégularités locales (micro-différences) et le règne plus large d'une
anarchie fondamentale. Double effet, donc, de la surprise, au niveau
local où elle nous réserve son lot de déséquilibres, de petits décalages,
qu'elle nous interdit ensuite, à un niveau plus global, d'intégrer, de
ranger sous ce qui serait un ordre surplombant (macro-différences).

Il est heureux, du reste, qu'un tel ordre, désirable sur un plan
intellectuel, demeure concrètement hors de portée. Car il ne saurait
se réaliser sans former une chape de plomb, sans projeter une
ombre d'ennui sur notre existence. Imaginons une vie sans surprise,
dépourvue du principe même de la surprise, privée de toute vocation
intrinsèque, perpétuelle, omniprésente, à la surprise. Une vie dont le
décalage demeurerait, comme c'est inévitable, le principe, mais où
celui-ci serait réinterprété, forcé dans une voie étrange et radicale : un
décalage réquisitionné par la vie, mis au service de la sélection, de la
discipline, repeint au naturel des finalités du monde comme il va. Un
décalage habillé en force, comme chez ces hommes qui se donnent des
airs virils mais ne font que surfer sur leurs ambiguïtés, leurs tendances
homosexuelles opportunément dissimulées ou reconverties. Récuser
l'inversion, renverser autrui pour sauver soi-même la face, recouvrir
ses petits débordements à soi du voile pudique et seyant de l'effort,
de l'action, de la sueur productive, tel est l'éthos qui relie les petits
comme les grands machos, qui cimente les sociétés fondées sur la
production, l'exacerbation, la consommation impénitente. Écolos ou
alcoolos, rigolos ou gigolos, prolos ou « capitalos » : tous respirent,
transpirent, suintent l'ennui de leur décalage rangé des voitures, de
leurs pulsions bien ordonnées. S'ennuyer à mourir, se contrôler à en
crever : se recaler, se repositionner. Conserver, défendre, coûte que
coûte et goutte à goutte, une position.

*
* *

Construire, conquérir, défendre, abandonner, échanger, renverser une position. Autant d'opérations dynamiques pour un objet statique. Casaniers, nous bougeons quand même ; établis, nous pouvons évoluer ; enracinés, nous frissonnons parfois dans le vent de l'histoire. Une position n'est pas forcément négative, hostile, obtuse. Elle n'écrase pas nécessairement le décalage. Elle peut asseoir sa monumentalité sur un terrain ridé, sur des vaguelettes de désir. Elle peut dériver, s'abandonner aux plaisirs et au hasard. Elle peut trembler sur ses bases. Mais elle peut aussi bien résulter d'un mouvement figé, d'une marginalité institutionnalisée, d'une créativité standardisée, d'une contestation systématisée. Elle sanctuarise alors une mobilité passée. C'est la tendance qui compte : dès les prémices de son ébranlement une position revient du côté de la vie ; aux premiers signes de son essoufflement le mouvement incline déjà vers la mort. Du point de vue de la valeur, la direction vers où l'on tend, la variation, importe davantage que la position que l'on occupe. Ainsi la marginalité, le laxisme, la luxure confinent à leur contraire, c'est-à-dire respectivement, au conformisme, à l'autoritarisme, à l'ascèse, pour peu qu'une systématisation trop poussée les prive de la fraîcheur indispensable à leur maintien du côté de l'optimisme, de la vie.

Il est bon de savoir vers quoi l'on tend, vers où l'on penche, jusqu'à trébucher parfois, tomber, se heurter à la dure effectivité d'un potentiel trop vite réalisé. On ne saurait vivre entièrement en phase avec soi-même, garder durablement les yeux en face des trous, résister constamment à la déstabilisation, au vertige de soi. A toutes les échelles nous sommes décalés, inadaptés, et devons nous revendiquer tels. Une société en phase avec elle-même, composée d'individus adaptés, coulés dans un moule, serait invivable. Le fonctionnalisme ne fonctionne précisément pas : prétendant ramener chaque action à son résultat, en estimer la valeur à l'aune de ses effets, il enlève toute consistance au réel, au présent, aboutissant alors à un monde où, de fait, tout se tient mais où rien ne tient de par soi, puisque chaque chose renvoie à autre chose qu'elle-même. Sauf à promouvoir la conséquence au détriment de sa cause, à la considérer non plus comme le substitut, dans l'ordre du réel, de cette cause, mais comme son signe prosécutif, son signifiant analeptique, son équivalent anachronique – telle la fumée signalant, dans une sorte de langage apostériorique, le feu. Mais, dans cette optique, la contiguïté entre chaque objet et sa fonction nous forcerait à lire le réel comme une métonymie généralisée, laquelle, par sa systématisation, sa littéralité mécanique, se verrait paradoxalement privée de toute dimension poétique.

Il ne s'agit certes pas de renier tout conséquentialisme mais de rechercher une esthétique, un effet proprement visuel, qui fasse transparaître la conséquence dans la cause, tel un filigrane qui viendrait soutenir, valider cette dernière, tout en la conservant au premier plan. Une manière, en somme, de mettre au jour l'essence même du principe de causalité – cette volonté impersonnelle qui mène le monde et dont la représentation constitue, si l'on suit Schopenhauer, l'une des missions de l'esthétique. Comment articuler cette superposition des causes et des effets, cette compréhension diachronique, source de si grandes satisfactions – joie toute spinozienne – pour qui sait la cultiver, avec la perception, évoquée précédemment, d'un décalage, d'une non-correspondance fondamentale, laquelle était moins un motif positif de plaisir qu'un niveau de conscience minimum à maintenir afin d'éviter le déplaisir d'un décalage d'abord non perçu, imposé in fine depuis l'extérieur ? Une telle superposition rend-elle prioritaire la recherche d'une correspondance, au moins logique, sinon visible, entre des états successifs ? Incline-t-elle à gommer entre eux tout décalage ? Ou au contraire ménage-t-elle en son sein des décalages irréductibles, qu'elle expose alors à la lumière ? Peut-être fait-elle les deux en même temps, révélant des correspondances dans la transparition des différences. Peut-être aussi convient-il de ne pas décider entre ces deux hypothèses, de laisser jouer l'incertitude, de rechercher une intégration harmonieuse, une correspondance intime entre, d'une part, le « bougé » superficiel, le flouté des apparences et, d'autre part, la permanence des profondeurs – les deux perspectives se renforcent d'ailleurs mutuellement.

« L'incertitude qui vient des rêves » : Roger Caillois a précisément décrit le niveau d'indécidabilité où nous propulse le rêve. Or que fait la conscience rêveuse, sinon superposer des états, les plaquer les uns sur les autres, élimant, jusqu'à les rendre translucides, les plans, les coupes opérées dans le réel ? Le regard du rêveur pénètre le monde – hyperlucidité – tout en l'écrasant, en le comprimant – surpuissante. Regard performatif qui, sous couvert de sensibilité exacerbée, de passivité cultivée, opère un sondage, une découpe au laser du réel, restituant celui-ci sous forme d'image de synthèse où l'amalgame, la fusion générale des éléments représentés n'a d'égal que leur précision individuelle. On associe volontiers le rêve au flouté, à la perception vague, aux sensations flottantes. Mais le rêve contient aussi des intuitions profondes, des percées aiguës dans le réel, des visions tranchantes qui, par contrecoup, nous transpercent, nous trucident, nous lapident nous-mêmes. Ses visions pénétrantes nous bousculent, sa lame aiguisée nous menace, ses révélations s'imposent à nous. Tel un magnat hollywoodien nous produisons des images qui inquiètent le spectateur, le menacent, mettent son esprit, son imagination, sur le grill, sur la sellette. Dans le rêve, il se trouve que nous sommes notre propre spectateur...

Comment en arrive-t-on à s'effrayer soi-même ? On a peur de ce qu'on a été, ou de ce qu'on sera. On s'effraie de constater l'effet qu'a sur nous le temps, on s'inquiète de nos origines obscures autant que de notre destin trop limpide. On aurait souhaité l'inverse : que nos origines, nos déterminismes fussent clairement posés, facilitant la tâche de nous gouverner ; que notre avenir ne fût pas joué d'avance, demeurant dans une grisaille propice à notre liberté. Mais c'est bien la disposition contraire qui s'impose à nous et que le rêve met en exergue : il nous plonge dans l'opacité de nos origines, dans les remugles d'un inconscient largement hérité, tout en nous projetant vers un avenir si lumineux qu'il nous aveugle. Cécité par-derrière, éblouissement par-devant, le rêve nous frappe si fort par ses contrastes, il nous laisse si peu d'espace pour respirer, il nous serre de si près que nous n'avons plus le choix qu'entre la suffocation provoquant notre réveil angoissé ou l'accoutumance au manque d'oxygène prorogeant certes notre sommeil mais dans un état larvaire qui est déjà une demi-mort. Évacuation d'urgence, sortie effective du délire dans le premier cas (*delirare* signifiant étymologiquement « sortir du sillon » il s'agit donc, ici, d'éviter la sortie de route, c'est-à-dire d'échapper au dérapage du rêve) mais au cours de laquelle nous abandonnons nos bagages, notre pouvoir de fantaisie et d'imagination ; perpétuation de notre activité visionnaire dans le deuxième cas, mais réquisitionnée par une instance supérieure et aliénante, mise au service d'un scénario d'épouvante faisant de nous sa chose (épouvante comme impuissance, abdication du pouvoir). Nous nous retrouvons devant cette alternative faustienne : renoncer à notre faculté imaginative afin de recouvrer une certaine autonomie ou bien conserver celle-ci mais en la soumettant à une autorité implacable. Paradoxalement le rêve, bien que débordant d'images, soit évacue l'imagination soit, mécaniquement, la réquisitionne. Dans les deux cas il intervient comme un canal, un fleuve par où tout s'écoule et finit sa course, selon les cas, dans un état de concentration extrême où au contraire dans la dilution, la dispersion.

Puits sans fond. Tonneau des Danaïdes. C'est l'épouvante, le cauchemar : être aspiré par le trou béant et obscur au fond duquel pointe le pic hostile, l'épine maléfique. Nous nous sentons partir, défaillir, nous nous en remettons à une instance qui nous dépasse en puissance, en volonté, mais aussi en intelligence, dissimulant ses buts, nous entraînant irrémédiablement vers quelque destination inconnue. Dans cette chute, ou cet envol, par cette accélération, réglons-nous au moins la question du décalage ? Nous débarrassons-nous du déphasage qui partout nous accompagne comme une marque indélébile de la vie ? La peur, en nous saisissant, nous remet-elle d'aplomb ? Il semble que non, et cela n'est pas plus mal. Au creux de l'angoisse, par-delà les limites de la vie bonne, de la vie tranquille, nous maintenons par-devers nous le discret décalage indiquant que nous sommes encore vivants ; notre cœur bat la chamade, subit les assauts du désespoir dans une sorte de déséquilibre savant, une asymétrie expressive, fût-elle douloureuse, désespérée. Nous ne saurions abandonner la vie, renier sa richesse, sa puissance créative, avant qu'elle-même ne décide de nous abandonner – jusque dans le suicide c'est encore de la vie que nous vient l'impulsion d'y mettre fin ; c'est par elle, par ses chemins de traverse, que nous nous exfiltrons. Il n'y aurait que la mort, en somme, pour restaurer notre équilibre, nous mettre en correspondance parfaite avec nous-mêmes. C'est à cela, du reste, qu'on la reconnaît : l'exacte superposition de notre image avec nous-mêmes, quand plus aucun relief, plus aucun interstice ne vient jeter une ombre sur notre corps, sur notre âme. Fantômes sans épaisseur, souvenirs sans couleur, les morts nous hantent car ils sont simples, prévisibles, à jamais fixés ; ils sont entiers, et cette entièreté nous déroute, comme nous dérange celle des déficients mentaux qui d'un regard, d'un cri, nous projettent hors de nous-mêmes, dans ces marges indécises où nous sommes réduits à un ersatz, un ectoplasme, un épiphénomène. Niés dans notre être, dans notre intériorité si confortable, nous nous voyons plongés tout crus, tout nus, dans la lumière vive, exposés à tous les vents, à toutes les injures. De crier, d'appeler à l'aide il n'est néanmoins plus question ; mieux vaut alors nous allonger, nous coucher pour, acceptant en apparence notre soumission, méditer, penser, peser encore.

Ainsi le désir de mort serait un désir de correspondance absolue, d'adéquation parfaite. Désir d'inorganicité, de repos, de cessation de tout mouvement. Ambiguïté de l'enveloppe : si je lui corresponds parfaitement, si pas un pli, pas une ride, pas une boursouflure ne vient introduire une distance entre ma peau et moi – ce moi qui cependant lui demeure en toute circonstance lié – alors ma vie manque de souffle, manque d'elle-même, car c'est de cette distance qu'elle se nourrit. Chemise trop bien plaquée sur la poitrine du col blanc devenu marionnette, uniforme occultant les particularités de l'individu. Mais les habits ont une fonction de translation, de report de la vie, de canalisation des différences de l'individu vers le groupe. Ils ne suppriment pas les particularismes, ils les transposent de l'individuel vers le collectif. Ainsi l'armée de soldats uniformisés, interchangeables, apparaît elle-même comme une personne unique, un corps particulier bien vivant. Le décalage migre, se détachant d'individus (trop bien) réconciliés avec eux-mêmes pour se poser, amplifié, étendu, sur le groupe, lui donnant la parole, répercutant sur lui la problématique de l'acteur. Cette collectivisation, cette potentialisation autorise le développement de la politique, la montée en puissance de l'économie, de la science, de la culture. D'une certaine façon c'est la vie elle-même qui remonte de l'individuel vers le collectif, de l'entité élémentaire vers l'ensemble constitué mais, ce faisant, elle abandonne son point de départ, elle déserte l'individu, le laissant pour mort dans la mesure où celui-ci se voit rapporté, réduit à sa stricte dimension sociale, à son rôle bien circonscrit au sein de la collectivité. Si l'anecdote n'impliquait pas une condamnation trop peu nuancée de la bêtise on évoquerait ici, à titre illustratif, le salaud sartrien, ce garçon de café si imprégné de son rôle social, de son utilité dans l'échange, qu'il neutralise sa capacité de jugement, son sens moral :

il meurt de servir, il se dévitalise en se professionnalisant. Quant aux sociétés traditionnelles, tenues pour holistes, dans lesquelles supposément l'individu n'existe pas comme tel, se rattachant sans équivoque à la symbolique du groupe, on pourrait se demander, sans craindre l'anachronisme – ni la provocation – si ledit individu, à l'opposé du mythe de nature et d'équilibre que nous projetons sur lui, n'incarne pas plutôt un modèle d'artifice et d'hystérie qui n'aurait rien à envier à celui de nos sociétés contemporaines.

La mort apparaît comme un brusque et violent retour en arrière (vers l'inorganique). Brusque et violent, car littéral. Pas d'état d'âme face à la mort, dont l'évidence est à l'ambiguïté de la vie ce que le flash-back cinématographique serait à l'analepse en littérature : une présentation brutale, monolithique, du retour en arrière, qui ne favorise pas la subtilité de son insertion dans le récit, le rendu détaillé des interférences entre différentes temporalités. La mort fait son cinéma : il faut que gicle le sang, que crie la victime. Il faut que ça se voie, que ça se manifeste. L'angoisse, elle, si douloureuse, si insaisissable, si fuyante, maintient le doute, l'espoir ; elle croit encore en la vie, en la multiplicité de ses extensions possibles, en la capacité à opérer un saut hors du temps ; elle est une attente active, une anticipation supposant un détachement par rapport au présent. Contrairement aux apparences, l'animal aux aguets – mimant une forme d'anxiété, comme précurseure de l'angoisse – n'est pas totalement concentré sur son attente ; il maintient, envers et contre son instinct, une certaine indifférence. Tel un peuple primitif mobilisant inconsciemment tout un savoir, et même plus que ce savoir, afin d'en mieux conjurer les avancées – on songe ici à la *Société contre l'État* de Pierre Clastres –, l'animal brandit le bouclier de son instinct pour repousser les assauts, non directement de la conscience, mais de sa visée simplificatrice, efficiente. Position de recul, geste apotropaïque de défense contre l'enfermement temporel de la conscience. Tactique d'esquive usant de la prolepse comme de l'analepse : le « doux rêveur », réfugié dans l'avenir autant que dans le passé, ne fait que se protéger du présent.

Réductionnisme, effectivité, attrition de la conscience. Transparence et obstacle : vie simple de l'homme, cet intellectuel. L'animal est plus complexe, parce qu' « instinctuel ». Les voies de l'instinct, contrairement aux voix de la conscience, se laissent deviner même si elles dissimulent leur contenu. Pour être efficace la conscience doit ménager ses effets, jouer des recouvrements, se hiérarchiser, se stimuler, simuler la profondeur. Elle est un théâtre organisationnel, quand l'instinct est une machine fusionnelle. Ombres et lumières, jeux de contrastes d'une part, mélange confus des énergies vitales de l'autre. Des deux côtés l'irruption du décalage vient tout perturber, brouillant ici les repères trop nets du clair et de l'obscur, séparant, détachant là ce qui était lié. L'introspection, le retournement sur soi donne à la conscience son volume, sa profondeur, sa perspective ; l'extraversion donne à l'instinct son mordant, sa pertinence, sa puissance. Le décalage est un principe d'affaiblissement, il agit comme un retardateur, un générateur de ratés. Il suspend le jugement aussi bien que l'action, il renverse l'un par l'autre. Par le décalage l'homme et animal se rapprochent l'un de l'autre, se relativisent l'un l'autre, se croisent, se contaminent, s'assimilent à ce qu'ils ne sont pas. L'homme devient un « presqu'homme », un animal-autre-que-l'animal, tandis que l'animal suit le chemin inverse, devenant un homme-autre-que-l'homme. Chacun se retourne contre soi, devient son propre prédateur. Chacun s'en prend à l'autre, devient pour lui une menace. Le décalage induit du cannibalisme, de la sauvagerie : action erratique des mâchoires, injonction paradoxale de la double pince, étau puissant des contraintes, dépression aspirante de l'indéfinition. Le décalage est efficace à sa manière, pénétrant le dur des phénomènes, leur imposant une discipline extérieure. Il n'y a pas que la subtilité de la conscience et la justesse de l'instinct qui sachent s'exprimer : le décalage aussi, comme science, pourvue d'un fondement, d'une logique propres. Nous avons l'impression de ne rien pouvoir tenter contre lui car, pour mieux nous désarmer, il feint d'émaner de nous, si savants pourtant, si bavards également.

*

* *

Goût de la science, saveur caractéristique du savoir. Qui dit saveur dit reconnaissance, identification, localisation d'une perception noyée dans la profusion de nos connaissances. Comme un reflux gastrique, le savoir-saveur remonte en nous, sur le mode de la réminiscence platonicienne. Mais il ne remonte pas sans un certain décalage, dont l'appréhension et la mesure constituent tout l'art de connaître-reconnaître. D'où l'assimilation du savoir à un non-savoir, la fondation de la connaissance comme prise de conscience d'une ignorance – le *je-sais-que-je-ne-sais-pas* socratique. Car la connaissance porte sur cet intervalle d'approximation, sur cette jointure aléatoire entre le souvenir effacé mais déterminant et le ressouvenir tardif mais révélateur. Sagesse antique, doute instillé dans le sillage des descriptions, des décryptages, des spéculations présocratiques. Investigation tardive, question assénée à la nature, laquelle n'a plus de force dogmatique depuis qu'on lui demande des comptes pour l'homme, pour une nature humaine autonome. La philosophie commence vraiment quand on se met à catégoriser la nature, c'est-à-dire, littéralement, l'accuser, l'enjoignant d'expliquer l'apparition de l'homme. Question en porte-à-faux puisqu'il s'agit de notre propre apparition et qu'en la posant nous projetons notre ombre sur l'objet même de notre questionnement. Accusation-catégorisation qui inaugure la mise en concept, la mise en boite, l'incarcération du monde. Mise à la question, torture où la victime – ici, donc, la nature – est amenée à retourner sa volonté contre elle-même, à désirer, anticiper sa souffrance, puisqu'on lui met sous les yeux une alternative impossible (tu te renies ou tu agonises, tu te soumets ou tu disparais). La torture cherche à liquider, à tuer le décalage. Elle écrase sa victime sous le poids d'un devenir rendu inéluctable, artificiellement consolidé. Elle asphyxie par la clôture, la pression. Epreuve de la baignoire comme archétype de la torture. Dans la maladie la douleur, même la plus intense, à travers son intensité même, laisse toujours ouverte la porte au délire, à la fuite, à l'échappée ultime vers la mort. Dans la torture il n'y pas de mort mais une disparition, une terminaison, une clôture mécanique. Cela même constitue la torture : l'annulation de la mort, l'occultation de la fin. Elle est le symétrique artificiel, scénarisé, de la seule torture naturelle qui soit, la première et la dernière que nous puissions expérimenter en toute innocence, à savoir celle de la naissance – cet acte par lequel l'être à naître est confronté à un passé impossible, un passé de néant, se voit dépossédé de sa préhistoire comme le torturé l'est de sa fin ultime. Entre une naissance « naturelle » (pour combien de temps encore, vu les avancées technologiques ?) mais authentiquement torturante, catégorisante, accusatrice, et les tortures d'artifices que nous réservent les élans de la civilisation, accélérations inessentielles et morbides nous privant d'une fin authentique, d'une sortie qui soit aussi incarnée que notre entrée, nous traçons notre chemin du plus vers le moins, de la consistance innée vers l'altération acquise. Les pratiques moyenâgeuses d'écartèlement, de démembrement font à ce titre figure d'hyperbole de l'annihilation, ciblant des articulations perçues comme vides, subversives, pratiquant un décollement paradoxal où l'arrachement des membres, la séparation forcée des parties emporte avec eux les décalages fonctionnels, les jointures opératoires, brusquement absorbées dans l'excès de l'écart. La conjuration du décalage s'opère ainsi par le nettoyage, le curetage des interstices, par tout le travail civilisateur, depuis les incisions, excisions, scarifications des sociétés primitives jusqu'aux travaux démiurgiques, aux grands arrachements symboliques et technologiques des sociétés avancées. Ne supportant pas le décalage, le retour du refoulé-décalé, et ne pouvant pas toujours le réduire, nous l'agrandissons, nous le distendons jusqu'à le diluer complètement dans un espace vide, abstrait, où nous ne revendiquons, ne signons plus rien. Processus civilisationnel de destruction, de néantisation par la croissance sans fin, l'extension sans horizon.

Faire le ménage par le vide est un peu le péché mignon de la science occidentale, du moins dans ses développements les plus réifiants : creuser, pénétrer, fouailler l'objet d'étude jusqu'à lui faire avouer son secret, rendre sa logique, désigner sa règle. Sommation – , « arraisonnement » pour parler comme Martin Heidegger –, certes non exempte de violence, mais surtout imbue de sa propre puissance, pleine de partis pris, animée de la certitude de pouvoir « y arriver ». C'est le leitmotiv occidental : se dépasser (sous-entendu : vers le hors-de-soi), aller au bout (de ce qu'on peut), atteindre le but ultime (l'universel). Mais pourquoi vouloir à tout prix sortir de soi ? Instiller la connaissance jusqu'au cœur (dévitalisé par cette opération même) du réel ? Une science plus sage ne devrait-elle pas s'intéresser à des objets particuliers, viser des connaissances parcellaires, cantonner ses savoirs à un domaine restreint, s'écarter de la prétention à déborder, à s'étendre indéfiniment ? Mais pourrait-on encore la considérer comme une science au sens moderne du terme ? La question mérite d'être retournée : la science occidentale, universaliste, est-elle une connaissance authentique ? N'est-elle pas plutôt une réquisition, une mobilisation déterminante du réel ? Sa marque n'est-elle pas une perte de liberté – liberté de regarder ou de ne pas regarder, d'utiliser ou de ne pas utiliser l'objet (le produit) de son savoir ? Quand nous « scientifisons » nous nous immisçons sans vergogne au cœur du réel, nous ne nous réservons pas la possibilité de demeurer nous-mêmes, de nous en tenir à ce que nous sommes. De même que la science tend à modifier son objet par le simple fait de l'étudier (ainsi de la physique quantique qui ne peut observer les particules sans interférer avec elles, voire les détruire), elle transforme immanquablement son sujet – c'est-à-dire nous-mêmes – dans son procès. A l'instant même où le savant dévoile une vérité inédite il serait emporté par la logique, par l'inéluctabilité inhérente à cette nouvelle connaissance. Quoique se présentant comme neutre la science ne laisse pas indifférent : elle nous implique, nous embarque, nous sépare de notre passé, de ce que nous étions juste avant qu'elle n'advienne. Un passé, un « avant » que nous requalifions aussitôt comme naïf, déficient. C'est là l'exploit de la science, l'effet magique du progrès : démonétiser le passé, le renvoyer à son déficit et ouvrir grand les vannes de l'avenir, le crédit de la croissance. Pompe aspirante, la science nous affuble d'une image négative, renversée, de nous-mêmes ; elle déconsidère la valeur de l'histoire, la richesse du temps vécu, au profit de l'accumulation, de la thésaurisation du savoir, qui n'est qu'un déficit, une dette contractée sur le progrès à venir.

Science aspirante, science instrumentale. Piège à subjectivité. Recyclage de la conscience. Un modèle d'extraversion, de sortie de soi, d'extase, qui irrigue non seulement le champ de la connaissance mais également celui de la pratique. En politique les révolutions, en économie la consommation, en sport les compétitions, en art les expositions : autant de libérations, de projections vers l'universel, d'aspirations à une transcendance pour tous, mécanisée, automatisée. Individualisation, automation : mots-clés de l'époque moderne en général et de l'ère cybernétique en particulier. L'intelligence artificielle (IA) représente le dernier avatar de la sortie de soi, le nec plus ultra de l'extraversion, le summum de l'exhibition, le décret ultime de l'extradition. L'intelligence s'exhibe sous notre nez, elle s'extériorise et, ce faisant, se mécanise, se raidit. C'est en cela qu'elle est artificielle : elle renie toute intériorité, toute réflexivité, étouffe toute résonance pour mieux interagir avec nous, se brancher sur nos neurones, capter notre attention, tout écho ayant été étouffé. Branchement direct, son mat, répartie du tac-au-tac de l'IA, question-réponse qui est au dialogue ce que le questionnaire à choix multiple est à l'apprentissage – un conditionnement, un ersatz de pensée, une pédagogie de bazar. Si la pensée est bien ce « dialogue intérieur et silencieux de l'âme avec elle-même» dont parlait Platon, alors l'IA, comme désintégration de l'intériorité, élimination de l'écho, signifie la fin de la pensée, sa mort par attrition, et son remplacement par la performativité. La génération automatique de mots, aléatoire ou non, ne fait pas de la poésie, fût-elle surréaliste ; elle peut imiter la création mais ne crée rien. L'ordinateur n'enchaîne pas les concepts, les idées, ni même les propositions ; il juxtapose, planifie, organise des tâches. Structure autoporteuse de la pensée, squelette décharné, algorithme auto-référent : l'IA semble se satisfaire d'elle-même, quels que soient ses échecs et ses difficultés d'apprentissage. Le *deep learning* n'est pas tant profond qu'assidu, systématique ; il va dans le détail, fait du *bottom-up*. L'IA n'est clairement pas synthétique, ni davantage analytique : elle est systématique, séquentielle, itérative. Sa nature lui interdit toute descente, tout labour dans le gisement des découvertes possibles, les trouvailles de hasard. L'*ob-jet* de l'IA est plus *-jet* que *-ob*, plus projection qu'obstacle, interjection qu'objection. L'IA ne pratique pas l'observation passive, la synthèse caractéristique de la vie larvaire, de la chimie chlorophyllienne. Elle ne (con)naît pas au (le) monde, elle le remplace par un *process*, elle le modélise. Modèle : exemple qui n'en est pas un puisqu'il ne se trouve pas de concept sous lequel le ranger, comme nous n'avons pas de prise globale sur le monde. L'IA n'accroche rien, n'adhère à rien ; elle glisse, elle enfile les questions et les réponses – jeu de go, tac-au-tac de l'esprit, tic-tac du temps. Alignement, conjonction : adjuvant, adjudant de la pensée, image figée de cette pensée. IA, Image-Adjudant !

Caporalisation. Discipline. Dressage. Il faut mater le décalage. Mais est-ce possible ? N'est-ce pas peine perdue ? Le décalage est rebelle : sitôt qu'on vise, qu'on pointe, qu'on considère la cible, qu'on envisage éhontément le but, alors dans ce geste même, dans ce fragment d'espace qui sépare notre main de sa prise, dans l'interstice, le *no man's land* qui s'étend entre nous et l'objet visé par notre intentionnalité, s'insinue le décalage, tel un revenant, un esprit malin profitant de notre presbytie mentale, de la fatigue qui s'est installée en nous dès le premier jet, dès la première élucubration de notre cerveau. Immiscion du gris dans le chatoiement coloré de notre innocence, de notre idéalisme mi-naïf mi-intéressé.

*

* *

Comment peigner, aligner, discipliner notre spontanéité, nos élans, nos attirances ? Y prétendre suppose de croire au parallélisme, à l'ordre et à son corollaire : la prévisibilité. Mais comment s'autoriser une telle croyance ? Comment se permettre, en quelque sorte, de ratiboiser le monde, d'en éliminer les excroissances, de le tailler et retailler jusqu'à ce qu'il entre dans les cases aux bords bien définis qui constituent le moule, la prison de fer et de sang de notre rationalité restreinte ? Qui sommes-nous, tout humains que nous nous prétendions, pour découper le réel en petits cubes exactement calibrés pour venir se positionner en douceur dans les unités élémentaires de notre cerveau ? Les animaux eux-mêmes ne l'oseraient pas, qui pourtant simplifient le monde à l'extrême – le réduisant parfois, à l'instar de la larve ou de la tique deleuziennes, à deux ou trois sensations, deux ou trois *stimuli* structurant leur existence ; mais leur manière de simplifier le monde respecte la puissance, l'intégrité. L'homme arrive, après l'animal, comme le numérique après l'analogique : il échantillonne, prélève sur le monde ce qui lui permettra d'en reproduire facticement la complétude. L'animal, même s'il filtre les signes que lui envoie le réel, retient celui-ci, dans son filet, comme un bloc, un corps étranger susceptible d'en rompre les mailles. L'homme, lui, coupe, tranche, mesure le réel, pour mieux l'assimiler, se donnant par là l'illusion de tout posséder. C'est à se demander s'il n'a pas toujours fonctionné sur un mode numérique. Cela expliquerait, soit dit en passant, que la digitalisation à l'œuvre en ce début de vingt-et-unième siècle suscite moins d'enthousiasme que de frénésie, moins de joie que d'addiction : nous percevons, fût-ce inconsciemment, que cette digitalisation n'apporte au fond rien de vraiment nouveau, qu'elle ne fait que mettre en évidence notre nature profonde, qu'elle constitue une sorte de *coming out* après quoi aucun progrès ne serait plus possible puisque tout serait exposé, mis sur la table. Le numérique débarque comme le dernier coup de poker, le bluff ultime, celui qui nous laisserait sur le carreau, nous abandonnerait sur le tapis vert de l'existence parmi des cadavres épars. Fatigue du joueur, lassitude face aux sollicitations de la technologie, sentiment diffus d'avoir tout connu, tout expérimenté, et tout gâché. Le numérique, à force de démultiplier le monde, de le concurrencer avec ses instances virtuelles, en arrive fatalement à l'asphyxier, et nous avec lui.

Si le numérique apparaît comme un suppôt de l'immanence, un casseur de mythes, un réducteur de sacré, il n'est en vérité pas bien armé pour ses ambitions. À y regarder dans le détail on s'aperçoit en effet qu'il traite le décalage d'une telle façon, le sectionnant, le découpant, le verticalisant, qu'il en cultive, en développe l'épaisseur, à son corps défendant. Le numérique tranche dans le vif, dans le lard du décalage, sa lame en pénètre plusieurs couches, plusieurs strates en même temps, ignorant leurs positions relatives, les recadrant d'un coup comme le massicot de l'imprimeur justifie la bordure du livre sans égard pour le profil particulier de chaque feuille. Certes le numérique efface le décalage, le fait disparaître à nos yeux, mais il ne l'éradique pas, loin s'en faut, puisque chaque couche, ajustée en apparence quant à la découpe alignée de ses bords, conserve de par soi sa position originelle, la translation ou la rotation qui l'individualise subrepticement en l'écartant, même imperceptiblement, de la position moyenne. Pour être en situation de compter, le numérique doit tout ramener à l'unité et, pour ce faire, il doit aligner, calibrer extérieurement le décalage. Supprimer absolument, intérieurement, le décalage ou, à tout le moins, le réduire foncièrement, relèverait d'une ambition d'un autre genre, exigerait un type de connaissance inaccessible au numérique : une connaissance analogique. Au-delà des capacités gestionnaires, ordonnatrices, du numérique, le mode analogique est seul apte à rendre compte du décalage, c'est-à-dire à le percevoir, l'assumer et le régler dans un même geste.

Assumer le décalage : comme le terme l'indique, il s'agit à la fois d'en reconnaître l'existence – l'ajouter à la liste de ce que nous savons exister – et de l'ajouter comme incrément aux décalages antérieurement reconnus, enregistrés. En tant que chevauchement partiel, par une entité nouvelle, d'entités plus anciennes, le décalage est assimilable à une somme, à une variation qui vient prolonger les variations antérieures ; il est à la fois une variation marginale et la reprise intégrale de toutes les variations précédentes. Micro-variation *delta* de la variable, et intégrale I de cette variable ; courbe évolutive et surface en réserve sous la courbe ; perception mouvante et supervision globale ; pointe active du devenir et bilan rétrospectif, stabilisé. Ce hiatus, qui est aussi une complémentarité, entre la potentialité du devenir et le caractère irrémédiable de l'advenu, entre le prochain encore à accomplir et le dernier tout juste accompli, est précisément ce que le décalage nous invite à penser. Le décalage assemble naturellement ces deux lignes mais nous ne pouvons le reprendre à notre compte qu'au prix d'une élaboration sophistiquée, c'est-à-dire d'une culture. Pour nous qui ne sommes pas des animaux, le décalage ne va pas de soi.

Il contredit notre goût de la stabilité, notre soif de certitude, notre résistance « instinctive » au changement. Seule l'intégrale nous permet d'incorporer les variations ; l'animal, lui, n'intègre pas, il vit les variations en plein, intensément, il surfe sur la crête du devenir. Le corps animal tressaille tandis que nous fixons puis étendons lentement notre esprit. En bons ruminants nous tournons et retournons le décalage jusqu'à trouver pour lui la position idoine, celle qui complétera parfaitement notre puzzle, notre histoire, notre fiction.

Régler le décalage : en fixer les normes, les limites, pour intégrer sans dommage, sans trouble excessif, notre existence fictionnée. Quelle est la mesure, la référence de ce réglage ? Le point de comparaison pour intégrer le dernier décalage en date ne saurait être, sous peine de boucle autoréférentielle, la série des décalages déjà vécus. Il doit être extérieur, autonome par rapport aux affres du devenir : une fiction, un pur produit de l'esprit, un récit uchronique. Uchronie référentielle pour réguler l'utopie du décalage, sa propension à déborder l'espace commun, qui est celui que nous maîtrisons. Le décalage tend à proliférer, à tout envahir ; nous devons le contenir par la force symbolique du langage, par notre capacité à trancher, à dire « non », à convoquer une instance extérieure. Pour intégrer le décalage il nous faut d'abord le dompter, le discipliner. Encastrement du décalage dans notre pensée, réglage anticipé, condition a priori de sa réception dans notre entendement – pour reprendre la terminologie kantienne.

Rendre compte du décalage suppose aussi d'en appréhender l'origine : le saisir à la racine, ne pas en laisser filer le commencement. Toute chose s'établit dans un tremblement initial, comme un objet que l'on lâche en surplomb de la place qui lui est destinée et qui s'accommode de, et dans, cette place, par une série d'oscillations d'ampleur décroissante, avant de trouver enfin sa position définitive. Trouver sa place par des vibrations, des contorsions allant diminuant, des mouvements aberrants de moins en moins marqués. Conver-

sion du décalage originel en position originale, construction dynamique de l'identité, vérité construite chemin faisant. Le souvenir de
la vibration première, du cri strident de la naissance, nous accompagne inconsciemment dans tous nos actes et surtout dans toutes nos
décisions, nos engagements ultérieurs. Une vibration qui trahit l'absence de socle, de fondement, l'« effondement » essentiel de notre
existence : si je viens à l'existence par un ajustement progressif, cela
signifie que j'ai pu commencer à exister, précisément, avant que l'événement créateur fût accompli, avant que le mouvement de définition
fût mené à son terme – un état de néoténie particulièrement marqué
dans l'espèce humaine. Il y a donc une existence possible avant que
n'advienne l'existence manifeste. Cette découverte souligne combien
inaboutie, incomplète, est notre existence. Elle révèle également que
toute existence, même supposément aboutie, n'en demeure pas moins
parcellaire, comme inclinée depuis un vide initial, collatéral, périphérique, un vide représentant un champ d'expression, un gage de liberté
mais aussi d'incertitude. Ainsi n'y aurait-il pas d'existence sans vide
ou, plutôt, sans évidement, sans défaut de substance. Désubstantiali-
sation par quoi nous évacuons la matière de notre certitude, de notre
accréditation sociale. On sent bien que notre peau n'est épaisse, notre
épiderme onctueux, nos sensations profondes, que grâce au vide qui
nous entoure, au silence qui nous précède et annonce le tintamarre
de notre corps, prodrome de la mort. Corps glorieux, bruyant, exubé-
rant, enveloppé d'un halo d'inversion, d'absorption sonore.

A mesure que le marteau-piqueur de la technique pénètre, dans
un enfer de décibels, le cœur du réel, il nous en interdit l'accès, nous
renvoyant à notre silence intérieur. Son souffle mécanique opère un
partage, une division entre les couches d'air comprimé d'un côté et
l'éclat de l'énergie dilapidée de l'autre. Flux élastique et voluptueux
d'un côté, travail aride et bruyant de l'autre : cette opposition nous
rend malade, nous contamine du virus de l'incohérence, de l'insta-

bilité. Sans la présence de l'ouvrier dont la main puissante maintient fermement son cap, le marteau-piqueur ne tient pas en place, il part dans tous les sens. Outil perforant la matière, geste performatif mais qui, si on lui lâche la bride, si on le laisse aller à sa guise, devient, pour le coup, complètement « marteau ». C'est que la séparation arbitraire entre le souffle vital et sa manifestation tapageuse, en éliminant toute possibilité de décalage, opère une déliaison, défait les connexions, les liens censés maintenir l'unité de nos perceptions enclines à se disperser. Le marteau-piqueur tranche dans le vif ou, plutôt, arrache à la vie sa part d'expression, en force l'extraction, la séparation d'avec son contenu. Pure expression sans contenu, l'espace dégagé par le marteau-piqueur est un vide excavé au cœur de la matière, un tri brutal opéré entre le bon grain du sens et l'ivraie de la forme. Sorte de moissonneuse-batteuse pour terrain dévitalisé, extrayant et ramassant, dans le tout-venant végétal, les germes de l'efficience, de la productivité. Mais, à force de cingler, battre, torturer, arracher et projeter les grains têtus de la folie, nous pâtissons nous-mêmes d'une déformation très contemporaine, à savoir une tendance au durcissement, à la concrétion, à la réduction de l'expression à son minimum, sous couvert d'extraire un pur principe actif, une essence au pouvoir concentré. Fort de la technique l'homme interrompt la danse de la vie, secoue l'arbre de la connaissance, pulvérise la consistance essentielle, la résistance – et la résidence – de la matière. En éradiquant le décalage, en supprimant tout jeu dans les rouages, à l'image d'une compression de César, il propose sa version du monde, d'où rien ne sortirait plus ; un monde où chacun, la tête recourbée, ayant perdu toute flexibilité, ne regarderait qu'en soi. Rigides comme des squelettes nous arborerions des habits branchés, minces et friables, dont on pourrait dire qu'ils nous collassent à la peau si, mauvais épouvantails, nous n'en étions point dépourvus.

*

* *

La question que pose, qu'assène le marteau, la question-marteau, celle qui rend fou le philosophe, qui cogne dans sa pauvre caboche, consiste à savoir si, ou à ne pas vouloir reconnaître que, toute force, même d'ordre spirituel ou magique, a une origine essentiellement (bêtement) mécanique. Qu'est-ce à dire ? Plusieurs choses : qu'elle tient sa force, justement, non d'elle-même mais d'une autre force, s'inscrivant dans une chaîne dont on ne distingue pas l'amorce ; qu'elle s'applique aveuglément à tout ce qui se présente dans son champ d'action, sans égard pour le degré de sensibilité de son objet ; qu'elle induit ses effets réels tout en préservant ses lois dynamiques, leurs qualités propres, lesquelles ne s'altèrent donc pas dans son effectuation, ce qui autorise la reproduction du phénomène à l'identique, et, au-delà, la perpétuation de la mécanicité du monde. Si l'énergie se conserve, se transforme, se concentre, se disperse ou se dégrade, la force se survit à elle-même par un enchaînement mécanique et aveugle, dans l'indifférence générale (elle persévère dans son être, perpétue sa nature). Indifférence, confusion et séparation dans un même geste, écartement et rapprochement, mouvement alternatif et grinçant d'une vieille pince rouillée qui ne se fatigue jamais d'attraper le vide, de broyer le néant – et pour cause, puisque c'est là le propre de la mécanique : l'indifférence à la souffrance, la négation de la sensibilité. Cela ne signifie pas l'absence de subtilité, bien au contraire, celle-ci pouvant se déployer sans retenue, sans fausse pudeur, si rien de sensible ne s'interpose pour la ralentir par d'inutiles scrupules. Subtile donc, délicate à souhait est cette pince, intelligente en diable mais souverainement indifférente, avec ses mâchoires métalliques qui s'enfoncent dans notre crâne, de sorte que jamais ne nous quitte le sentiment – non réciproque – de sa présence, que jamais ne nous effleure l'idée de la liberté, la possibilité d'un monde ouvert, qui s'offrirait sans contrepartie.

Non que l'idée d'un monde libre nous soit étrangère. Mais elle est anti-mécanique : elle ne s'articule pas avec notre existence quotidienne, avec notre vie ordinaire, celle qu'anime une causalité normale. La mécanicité est ce qui garantit la causalité, l'enchaînement prévisible des évènements. Nous ne saurions nager dans une eau trop déliée : il faut un minimum de densité, de concrétion, de précipitation – au sens chimique aussi bien que dynamique du terme. L'idée de liberté est en nous comme une bulle : non seulement elle est fragile en soi mais, par rapport à nous, elle flotte, sa position est incertaine, inconstante. On dit : défendre la liberté ; effectivement une bulle doit être préservée, de sa fragilité intrinsèque comme des menaces extérieures qui peuvent à tout moment l'anéantir. La liberté flotte et s'épanouit, sans vibrer. Elle est l'ennemi, l'antipode du marteau-piqueur, et sa cible. Elle a un effet délétère sur la mécanique, qu'elle dérègle, énerve ou au contraire excite exacerbe. Mais du point de vue de la diversité les qualités s'inversent : la liberté est une, monocorde, quand la mécanique est multiple, diverse. La contemplation concentre, unifie quand le raisonnement disperse, divise. Sous le régime de la liberté absolue il n'y a pas davantage de place pour le décalage qu'il n'y en a dans la contrainte, la rationalité absolue. Paradoxe : si le décalage soutient et exprime la liberté en marche, la liberté encore à conquérir, inversement la liberté accomplie, installée, elle, évacue le décalage, devenu inutile, pour faire place à la contemplation, à la méditation. La transition entre les deux états est ténue, insaisissable, réversible. Dans un mouvement permanent le décalage (re)naît, se développe et disparaît, en fonction des circonstances, de l'état psychologique du sujet, de son rapport plus ou moins distant à la liberté. Décalage utile pour approcher la liberté, superfétatoire pour qui la possède. *Comme maîtres et possesseurs de la liberté* : suspendus à elle, nous nous élevons quelque peu au-dessus de la surface où se meuvent, où se combinent les décalages, où se superposent les débordements.

C'est cela, voler, aux deux sens du terme : d'une part s'élever au-dessus de ce qui, par superposition de plans, si fins soient-ils, acquiert une épaisseur, et nous gratifie de cette épaisseur, de cette densité, comme on emmène avec soi, en voyage, le poids du passé ; d'autre part subtiliser, détourner l'histoire de ce sol, produit d'une évolution au long cours que notre regard surplombant s'approprie dans un rapt dont la violence ne s'adoucit que par son étirement temporel. Notre vol revêt ici les traits caractéristiques de celui du rapace : nous planons et fendons l'air de nos ailes, le découpant en couches variables qui reproduisent, sur un mode éthéré, transfiguré, l'épaisseur grasse de la vie grouillant dans l'entresol ; nous attaquons, d'un geste brutal mais ennobli par notre gestuelle stylée, par notre trajectoire magistrale, cette vie-même, dont nous arrachons des lambeaux, bien réels, pas du tout éthérés quant à eux, afin de nourrir à la fois notre famille et nos ambitions. En somme, nous prélevons des échantillons de décalage qui, sitôt détachés, perdent leur caractère composite pour incarner l'essence du monolithique, de l'entièreté inerte. Nouveau paradoxe : comme pour tant de beautés naturelles, qui s'éteignent, s'altèrent ou disparaissent sitôt que, pour s'en emparer, on les extrait de leur milieu – couleurs chatoyantes des poissons, organisation sophistiquée des fourmis et, peut-être, de la vie en général, prise dans son innocence originelle –, le décalage ne se laisse pas capturer sans perdre illico ses qualités propres, sa nature stratifiée, alternée, déphasée. Punition de celui qui prétendrait capter la source, l'origine subtile, délicate, de la vie, définie comme monde vécu autant que monde (du) vivant : aussitôt cette vie-là se referme, se recroqueville, mollusque rebelle se retirant dans sa coquille, s'abritant sous l'alibi solide, impénétrable, du concept, de la forme platonicienne, de la spirale gelée du savoir. Rien de plus attrayant, mais aussi de plus déroutant, qu'un être informe, mou, repoussant, se présentant dissimulé, déguisé sous les auspices de courbes régulières, de géométries fractales, de motifs obéissant à de belles formules mathématiques, à de complexes algorithmes. En gravant de telles arabesques dans le marbre de son habitacle l'animal marin – et malin – fossilise, fixe pour nous un message cosmique, dans un beau retrait, une belle mort, une apothéose d'immobilité qui nous rassurerait complètement n'était le parfum capiteux qu'il dégage – relents de placidité, d'excessive tranquillité, d'indécent abandon.

Richesse des sentiments, suspension de la perception. Dès que nous fermons les yeux nous partons, nous dérivons, nous quittons notre état d'équilibre habituel. Clore les paupières c'est automatiquement virer, valser, projeter sur le monde entier la rotondité huilée de nos globes oculaires. C'est acquiescer au cycle du vivant. Cligner des paupières, baisser les yeux, détourner le regard : autant de gestes considérés d'ordinaire comme des signes de renoncement, de soumission, de capitulation, pour la bonne raison qu'en rompant une certaine continuité de la perception et, partant, de l'action, ils engagent le sujet dans un face-à-face avec lui-même dont le caractère auto-référent le conduit logiquement à une perte de repères, à un saut dans le vide, à une immersion insécurisante dans la psychologie de l'intime. Perte, détachement, effacement des perspectives communes dans le tourbillon du doute mais, simultanément, apparition d'éléments nouveaux, de signes demeurés jusque-là inaperçus. Sitôt abaissées les paupières se transforment en écran panoramique où défilent les images captivantes de nos rêves, de nos fantasmes. L'ancrage nous manque alors pour résister à leur souffle, à leur élan, pour ne pas nous confondre avec elles, nous associer à ce qu'elles dévoilent de nous-mêmes. Comme aveuglés par leur brillance, attirés par leur charme, nous avançons vers elles, chancelants, hésitants, mais sans retour possible. Regard jeté alentour d'un Orphée démultiplié qui, dans son palais des glaces, flotterait plus qu'il ne marcherait. Yeux bandés d'un Œdipe en proie à l'incompréhension de son propre destin. Ce qui compte, pour la soutenabilité et la pérennité d'une telle scène, à la fois troublante et enchanteresse, pour son exposition sereine malgré sa tension extrême, c'est la prolifération des décalages, leur entre-mêlement infini, le réseau des intentions, des liens ténus que tissent en noir nos clignements répétés, nos battements de cils, la mobilité de nos pupilles confrontées à l'invisibilité de ce qui les entoure. Opérant en mode « tâtonnement », convertis au langage des (in)signes, transis d'ignorance malgré notre appétit de connaissance, nous tendons les bras pour appréhender le réel (l'irréel aussi bien) mais ceux-ci reprennent immanquablement leur liberté, se détachant de notre corps, nous indiquant le chemin où ne pas aller, le savoir à ne pas goûter pour qui tient à préserver sa raison, sa sagesse. À ce stade il est cependant trop tard (ou trop tôt ?) pour nous protéger du dehors : à défaut de nos bras nos yeux se sont grand ouverts sur un paysage inédit, sur un monde nouveau qui remplace l'ancien et nous aveugle, nous éblouit, nous consume plus sûrement que le brasier factice où nous croyions discerner, dans l'ancienne caverne maintenant abandonnée, la vérité.

Vérité dézinguée sous les coups répétés du déphasage. Vérité qui meurt par excès de précision, étouffe dans la certitude, s'évanouit sitôt qu'on fait mine de la montrer du doigt, de la conceptualiser. *Veritas* : transparence finalement opacifiée par son propre poids, sa propre matérialité. *Conceptus* : concrétion ponctuelle, substance granulaire censée « tenir » dans notre main. Le décalage nous éveille à la présence, au cœur de la vérité, d'atomes d'erreur, en même temps qu'il nous donne la possibilité (illusoire ?) de les rejeter, de les évacuer. En ouvrant la main, en écartant les doigts, en ménageant entre eux des interstices, en désarticulant nos certitudes, nous faisons preuve d'une approximation plus juste, d'une relativité opératoire, d'une souplesse bienvenue dans le maniement du réel. Désarticulation, approximation auxquelles il convient maintenant de rendre justice, non plus, comme on vient de le voir, au nom de leur contribution à une perception plus juste, plus affûtée, du réel mais pour elles-mêmes et en elles-mêmes, dans leur dimension expressive.

*   *
*

CHAPITRE 3

* * *

Décalage, relation, expression

Y a-t-il moyen d'aborder le réel, de l'approcher, de le pénétrer, sans en passer par une dialectique un peu lourde opposant, d'une part, l'effort de fixation sur un centre d'attention, et, d'autre part, la tendance au dérapage qui nous fait le plus souvent manquer notre cible ? La notion même de réel se présente comme vague, elliptique, et en même temps durcie, « réifiée » à son tour, objet soumis à (dé)monstration. Asservissement au réel, assujettissement par l'apprentissage, pétrification dans la découverte – déni de réalité, paradoxalement, lorsqu'on prétend se saisir des choses, les capter, les comprendre. L'animal prédateur ne « tend » pas vers sa cible autant qu'il y paraît ; il ne se départit pas, de fait, d'une certaine nonchalance ; son approche, son champ d'attention demeurent latéraux, tangents, biaisés, comme indirects ; sa mine prend l'air déconfit, impassible, joueur, de celui qui sait pouvoir gagner la bataille, qui compte bien remporter la lutte pour la vie. Puissance de la certitude, relâchement de l'injonction. Force tranquille, mot d'ordre adouci, tempéré.

Au prédateur certain, déterminé mais indifférent, correspond un environnement potentialisé, indéterminé mais différencié. Pour lui le réel tout entier doit se faire aussi disponible, aussi tendre, que la chair de sa victime ou, à tout le moins, suffisamment plastique pour accueillir ses dents, ses griffes. Nous autres humains sommes dépourvus de ce genre d'armes dont Épiméthée, comme on sait, équipa les différentes espèces animales. Mais, si nous fûmes oubliés dans cette distribution, nous compensons ce handicap par notre côté aventurier, globe-trotteur, casse-cou. Tueurs putatifs, rêveurs invétérés, créateurs d'illusions, nous recouvrons les autres de notre fluide, de notre pensée, nous les abreuvons continuellement de notre discours en devenir, à peine formulé, élaboré.

Il faut une certaine mollesse pour reconnaître la préséance du décalage. Consistance de la mollesse : à force de déplacer mon regard, d'opérer un balayage optique, je délaye, je mixe, je liquéfie le réel, j'en brouille les limites. Comme je le ferais avec un outil Photoshop, je *blend*, je *merge*, je *smudge* les formes, j'en dissous les contours. Profil, matière, structure, texture, tout cela se confond. Admettre le décalage suppose de systématiser le déplacement, porteur de par soi d'un principe de relativité. Le mouvement devient la norme, les repères se font mouvants. Je tourne sur moi-même et disparais, suivant une chorégraphie héritée, anonyme, hésitante, approximative. Science de l'à-peu-près, mon savoir s'adapte dans l'exacte mesure où il ne sert pas immédiatement. Seul, comme plongé en anaérobie, je baigne dans l'arbitraire, l'indéfinissable, je nage dans mon idiosyncrasie. Je jurerais alors que mon savoir pourrait remplir le monde, l'inonder, le satisfaire. J'oublierais presque l'existence du collectif, du « nous », si les nécessités de l'action, alliées à l'alchimie des décisions, ne maintenaient un lien ténu entre mes (in)déterminations intérieures et les (sur)déterminations que m'adressent autrui et le monde. Si l'approximation ne vaut pas toujours décalage, ni la mollesse performance, notamment quand ne les accompagne pas la conscience de soi, je voie bien cependant que pour atteindre mes objectifs un certain retard à l'allumage, un sens du raté, une acceptation du manque, de l'échec, ne sont pas inutiles. Le coup manqué, l'échec apparent, accompagnent souvent la réussite dans la mesure où ils expriment une intention qui, dans son passage à l'acte et son ratage factuel, préserve, accentue même, son authenticité, son entièreté, sinon sa virginité.

La mollesse (relative) de l'environnement nous renvoie l'image contrastée des phénomènes d'ellipse et d'ancrage, à l'œuvre dans le langage. Lorsque nous parlons nous nous référons, à intervalles réguliers, au réel, utilisant pour cela des démonstratifs, des adverbes de lieu, de temps, bref, ce qu'on appelle, en linguistique, les déictiques ou embrayeurs. Tout se passe comme si notre discours, flottant trop librement, et non sans danger, au-dessus du réel, avait besoin qu'on l'y ancrât au moyen de ces déictiques, semblables alors à de grandes piques lancées, au travers des nuées mouvantes de la langue, jusqu'à la terre ferme. Mais sur ce subterfuge nous ne nous arrêtons pas d'ordinaire, et pour cause : nous savons, sans y penser vraiment, que chacun de ces points d'ancrage implique, par-delà sa localisation restreinte, l'existence du réel dans sa globalité, et qu'en nous appuyant sur cet élément isolé pour étayer notre discours nous engageons l'ensemble de la structure sous-jacente. De cela, nous refusons pourtant de tirer les conséquences. Reconnaître, en effet, qu'une fois le réel engagé tout entier, une fois le donné convoqué dans sa globalité par l'entremise de quelque embrayeur local, le discours n'a au fond pas de raison d'aller plus loin, de se perpétuer, puisque tout – le Tout – est dit, ou suggéré, à travers cet embrayeur, à l'occasion de son surgissement, reconnaître cela, donc, ce serait considérer que toute proposition langagière est une pétition de principe qui présuppose, rien que pour pouvoir (se) tenir, ce qu'elle entendait justement (dé)montrer. C'est pourquoi nous éludons, nous faisons mine d'ignorer la présence des embrayeurs. A ce titre toute prise de parole s'apparente à une ellipse : nous nous y voilons la face devant la redondance du discours, devant le côté superfétatoire de la plupart des mots, des phrases.

Ici précisément la mollesse joue un rôle crucial : en assouplissant l'assise, les ancrages successifs de notre discours, en les rendant moins fermes, en faisant glisser sur ses bases notre construction de la vérité, elle tempère l'absurdité de la situation. L'indéfinition, l'approximation, nous permettent de plaider non coupable. De là à dire que cela nous déresponsabilise, il y a un pas que l'on peut franchir : l'à-peu-près est d'abord une viabilisation de l'existence, une garantie contre son non-sens. Une grande partie des tensions, dans le syndrome névrotico-hystérique, proviennent d'un excès d'attente, d'une anticipation exacerbée des obligations morales. Une hypertrophie du surmoi est le plus souvent la cause des rigidités, du manque d'écoute, de l'égocentrisme ; un recours trop appuyé aux ancrages conduit à leur dénégation, à leur submersion dans ce qui est supposé les faire oublier, à savoir le discours-fleuve, la logorrhée. Il y a, sous-jacent, un raisonnement par l'absurde : puisque dévoiler les ancrages rend caduque le langage, alors je parlerai davantage pour mieux les noyer. Le bavard fuit ses propres présupposés ; plus il parle, plus il les dissimule, mais aussi plus il les multiplie et, ainsi, sa posture s'auto-entretient.

Parler pour ne rien dire ou, plutôt, parler pour ne pas avoir à dire (l'essentiel). Or tout discours requiert l'intervention d'autrui pour le valider. Un bavardage excessif génère donc une surcharge collective. L'approximation du discours présente ainsi deux versants : l'un positif, sur le plan existentiel, qui adoucit les ancrages, les idées reçues, qui relativise la vérité ; l'autre négatif, sur le plan de l'éthique, qui déporte sur autrui, via la communication, la charge de rendre vivable, exploitable, notre monde. Folie des réseaux, censés remplacer la verticalité de l'ancrage par l'horizontalité de l'échange. Par eux on délaye, on dissout les préjugés, mais ce faisant on les étale, on les rend plus prégnants, omniprésents. Soupe commune où nous baignons, nageant parmi les agrégats de stéréotypes que nous écartons doucement de la main. Avancer, agir, faire du business, c'est faire circuler les clichés, les marchandises dont tout un chacun a déjà admis la valeur avant même d'en payer le prix. Monde d'anticipation où le prospect est supposé avoir les mêmes attentes que moi, avoir toutes les attentes en fait. Le consommateur coche toutes les cases, réalise toutes les possibilités, réagit à toutes les sollicitations. Consommateur anxieux car réputé omniscient, en proie à un sentiment de manque chronique car invité à parcourir le spectre complet des besoins de son espèce.

Il faut s'atteler à conscientiser les ancrages sans pour autant sombrer dans le mutisme que justifierait la vacuité du langage. S'il se trouve toujours quelqu'un pour formuler par anticipation le commentaire de ce que nous nous apprêtons à dire, alors nous sommes condamnés de toute éternité au discours indirect libre, en vertu duquel nous ne saurons jamais vraiment qui parle, ni si nous serons crus sur parole, ni même si nous saurons exprimer cela qui, afin seulement d'être pensé, réclame un détour par les autres, non pour ce qu'ils en disent mais pour ce que nous imaginons qu'ils en auraient dit si nous l'avions pensé tout haut, avant et devant eux. Confrontés à la nature proliférante, emmêlée, du langage, nous refusons d'enfiler les habits du métaphysicien, nous renonçons à considérer l'espace-temps comme un contenant où nous introduirions les choses, les événements, à la queue-leu-leu, bêtement en somme, plus bestialement que les animaux certainement, dont l'instinct n'est pas si sûr qu'il les guidât sans une hésitation, sans un décalage, tout au long de leur chemin, si tant est qu'ils suivent un chemin défini (même a posteriori) plutôt que d'effectuer un simple déplacement, une procession procédant d'elle-même, par elle-même.

Tout discours serait indirect, donc, dans la mesure où nous ne saurions prononcer un seul mot sans engager le langage dans son ensemble. Cet engagement nous intimide, nous écrase, pour peu que nous ne dissolvions pas notre sensibilité dans le gouffre rédhibitoire des paroles multipliées, des pensées réitérées. Pensée, pesée, mesure : nous brandissons nos instruments, nos gobelets, nos godets. Nous essayons d'articuler des concepts avec la délicatesse d'un éléphant dans un magasin de porcelaine, nous agitons nos chaînes conceptuelles, sonnantes et trébuchantes comme l'attirail d'un revenant ou d'un bonimenteur et, quand il nous arrive de croiser un alter-ego pareillement équipé, nous nous réjouissons de pouvoir échanger avec lui, comparer ses colifichets avec les nôtres, dans une sorte de transaction où l'essentiel se voit sacrifié pour sauver l'accessoire. Nous avons la passion des boites, des emballages, des contenants ; nous sommes les rois de la conserve, les as de la timbale. Nous confondons le fait de raisonner avec celui de résonner, nous évaluons la justesse de nos propos de par leur consonance avec ceux d'autrui. Nous nous référons à un diapason collectif qui nous paraît sonner juste parce qu'il flatte les oreilles et les préjugés de chacun, parce qu'il chatouille le sens commun – *sens commun* à la fois en ce qu'il communique avec nos divers sens et que nous le partageons avec nos congénères : partie commune de nos gènes, tronc commun, *common track*, axe structurant, défouloir collectif. Nous ne parlons pas, nous nous dévidons, nous nous vidangeons, tel un chat se purgeant avec des herbes choisies, telle, encore, une vache qui ne ruminerait pas, qui dégurgiterait ce qui macère dans sa panse au lieu d'en faire du lait frais, du concept tout neuf. Nous sommes cette sorte de ruminant qui ne rumine pas, de penseur sans pensée, de faiseur sans acte. Nous parlons sans conséquence et nous agissons faute de pouvoir transformer le monde par nos paroles. Notre discours n'est qu'une longue plainte consistant à prévenir les autres, à leur rappeler que nous les fuyons, que nous ne partageons pas leur temps présent car celui-ci nous apparaît invivable, saturé de paroles, d'objets annoncés ou remémorés. Nous essayons de sauver notre temps, notre vécu, à l'aide d'un langage intemporel, nous cherchons à saisir l'instant avec la pince maladroite des concepts, un peu comme on chercherait à retenir un filet d'eau dans nos mains inadaptées. Nous aimerions nous montrer aussi performants que les animaux, qui observent le monde de leurs yeux globuleux et utilitaires, capables de regarder sans voir, sans comprendre, sans chercher à focaliser sur tel ou tel ancrage – chose inutile pour eux puisqu'ils demeurent en tout point branchés sur le réel et qu'ils comptent sur celui-ci pour se charger du décalage, un décalage « authentique » si l'on peut dire, « animal », « impensé ».

Branchés directement sur le monde. Les animaux, contrairement à nous, n'ont pas le loisir de différer, de dévier. Ou alors seulement lors de rares accidents neurologiques ou génétiques – quelque défaillance exceptionnelle de l'instinct. A l'inverse, nous flottons dans un bain d'artifice, une solution de synthèse. Nous cheminons en poussant devant nous, comme un noctambule une lampe suspendue à une perche qu'il tiendrait devant lui ou qui serait accrochée à son front, le spectre d'un homme reconstitué, artificiel, sur qui nous projetons nos sensations, ainsi objectivées. Insaisissable pantin qui incarne – si mal, si fragilement – nos désirs, nos impressions non explicitées. Force du discours indirect libre, de résonner et raisonner dans notre tête, d'anticiper nos pensées, de battre le chemin à l'avance. Nous sommes condamnés à recevoir des idées déjà reçues, à communier par des lieux communs. Expressionnisme et expansionnisme de la pensée comme (re)découverte, à travers le langage, d'idées façonnées par d'autres. Certaines prises de conscience témoignent bien de cette compréhension en forme de révélation quant à autrui : « c'était donc "ça" que d'aucuns signifiaient quand ils disaient "ceci" ou "cela" ». Nous imaginons vaguement autrui disant, évoquant, pensant, dans le passé parfait, autant qu'imprécis, de l'imparfait, un 'ça' mystérieusement révélé dans l'instant. Par un discours partagé, moins verbeux que coulant, attachant, nous apparaissent après coup, « à la fumée des cierges », des volutes d'idées, recyclées certes, mais qui respirent la vie.

Extraterrestres de synthèse. Nous n'existons pas par nous-mêmes mais par les autres, par ce que nous croyons d'eux, par tout ce que nous (ne) pensons (pas) d'eux. Chaque mot que nous prononçons nous arrive en bouche chargé de ses usages passés – de même, d'ailleurs, que de ses usages potentiels, encore à venir –, lesquels cependant ne *passent* pas, et en nous remontent, tant et si bien que, suivant la célèbre formule, nous sommes « parlés » par la langue plus que nous la parlons. Non seulement parlés, mais devancés par elle. Nous avons toujours un temps de retard sur la langue, entendue non comme institution figée, établie, mais comme réserve d'un usage possible, constat d'un usage effectif, substitut d'un usage oublié.

Nous sommes précédés non seulement par les mots, la langue, mais par notre propre intention de désignation, de signification, laquelle profite de cette préséance, de cette avance, pour s'installer, planter le décor, y ménager son confort. Nous sommes les locataires de notre éloquence, les parasites de notre discours (à moins que ce ne soit notre discours qui nous parasite ?). Hypnose perpétuelle dans et par la langue, lavage de cerveau dans et par la parole. Cela qui parle en nous est cela qui nous décale, nous déstabilise, nous fait déroger au principe d'identité. Qui oserait prononcer un seul mot et l'assumer comme tel, entité circonscrite assemblant un signifiant et son signifié, point relais entre un émetteur et un récepteur ? Nous ne sommes pas exactement des arpenteurs, des géomètres du sens, des liquidateurs de conflits, des résolveurs d'énigme. Les forces de la synthèse nous poussent à engranger sans filtre, en vrac, les significations, à ouvrir à tous vents notre compréhension, à multiplier les subtilités, à recueillir au fil de l'eau les aléas du sens. Nous sommes des encyclopédies ambulantes, sans ordre ni but, des « mémoires du siècle » dont les pages, prises une à une dans la brise du savoir, successivement se soulèvent, se maintiennent un court instant en équilibre, comme suspendues entre passé et avenir, et finalement retombent, insérées pour toujours dans l'énigmatique livre du monde.

*
* *

Que signifie « synthétiser le monde » ? Si nous sommes des êtres de synthèse, pourquoi les tentatives de rejouer cette synthèse au moyen de la technologie s'avèrent-elles si pathétiques, par-delà l'enthousiasme naïf qu'elles génèrent ? Ne serait-ce pas dû au fait que nous effectuons naturellement la synthèse de nos perceptions et que les technologies, en cherchant à reproduire, étendre, voire « augmenter » la réalité tendent au contraire à la défaire, à la

démonter, la « dénaturaliser », la « désynthétiser » (les images dites
« de synthèse » sont bien mal nommées car le numérique est plutôt
analytique) ? On ne devrait pas condamner, sous ce seul attendu,
lesdites technologies car cela a toujours été le rôle de la technique de
démonter, décomposer, simplifier, afin de pouvoir mieux recom-
poser, mécaniser, systématiser et ainsi obtenir des gains d'efficacité,
de productivité. C'est du reste dans cette puissance de schématisation, de réduction, que réside leur beauté, appréciable sous réserve
de ne pas les prendre pour ce qu'elles ne sont pas, à savoir des magi-
ciennes de la synthèse, des trésors de virtualité – même si tout un
discours se développe qui voudrait le faire accroire. Pourquoi un tel
discours ? Quelle en est la fonction sociale ? Pourquoi recouvrir d'illusions thaumaturgiques les performances technologiques, habiller
d'une brillance kitsch leurs procédés essentiellement réductionnistes,
doter du prestige de la fiabilité rationnelle une activité essentiellement apparentée au bricolage ? C'est là une question à part entière.
Peut-être supportons-nous difficilement cette réduction, laquelle
est toujours une *reductio ad nihilum*, un retour à l'abîme, et rempla-
çons-nous compulsivement dans notre esprit facilement impression-
nable le moins par le plus, l'absence par la présence, la pénurie par
l'abondance. Doter la technique d'une surcharge de sens afin d'en
occulter la dramatisation schématique (qui est aussi une schématisation dramatique) constitue pour l'homme, depuis les origines, un
réflexe. Ce qui distingue le manège de fête foraine de celui de Disney-
land, c'est l'interprétation de la mécanique : dans le premier cas
celle-ci est un point d'aboutissement, ce dont on jouit quand on l'a,
érotiquement pourrait-on dire, déshabillée de ses atours (éléments de
décors disjoints à travers lesquels le corps mécanique se laisse entre-
voir et désirer) tandis que dans le deuxième cas la mécanique n'est
révérée que comme le support caché, implicite (mais d'autant plus
puissant, impérieux) d'un sens attendu, rapporté, généralisé, émulant

l'absence de tout support –sorte de mythologie barthienne consistant à naturaliser, à « évidencialiser » la technique.

Donc, nous synthétisons. Puis nous faisons un pas en arrière. Distance. Éloignement du regard nécessaire à la contemplation esthétique parce qu'il enveloppe alors les choses, d'un sens encore, certes, mais qui n'est plus clos, qui fait signe, qui renvoie à une autre réalité, légèrement déplacée. Considérer un objet culturel, s'émouvoir de son sens, un sens qui ressort avec la distance, avec l'élargissement de la focale, c'est ouvrir l'objet, par exemple un artefact issu d'une civilisation première, et l'enrichir de notre vision contemporaine. Un recouvrement qui réinterprète de l'extérieur, qui ne recherche pas l'invisibilité d'une technique, d'une machinerie sous-jacente, qui au contraire rehausse son dispositif interne, l'expose à la lumière – à notre lumière – bref, qui l'analyse et le décale, le décompose et le recompose immédiatement, sans transition, sans fausse naturalité, sans nécessité revendiquée autre que notre bon plaisir, que l'événement de notre incursion dans le monde de cet objet, de notre effraction impromptue dans sa sphère si parfaite, si naïve. Synthèse par la manipulation, par le travail de notre main laquelle se prolonge dans l'objet rencontré, s'anime en lui, s'appuie sur lui pour opérer une reconstruction, une restauration d'un monde ancien en notre esprit. Nous vivons environnés de songes – dans la vraie vie, pas dans celle des loisirs planifiés, des imaginations aplaties. Nappe vivante, ondulante, de la pensée, glissement de son ombre changeante sous la lumière régénératrice du sens. Non pas effet de synthèse, mais synthèse de l'effet. Le *process*, l'accueil, la réception, plutôt que l'anticipation, la programmation. Processus d'inscription – diagramme plutôt que programme.

Enveloppement du réel par le sens, recouvrement subtil, susceptible, périphérique, générateur de décalages. Thématique de la tangente, du débordement, de l'incise, moins comme intention d'abord oblique que comme alternance, quinconce, enchevêtrement voué à une meilleure résistance, à une résilience à moindre coût. Économie de matière mais pas de forme car, pour échapper au cliché, à sa puissance communicationnelle, à l'imposition-supposition d'un sens auquel le destinataire du message serait tenu de se soumettre, pour se soustraire, dans la transmission, à l'impératif d'efficacité, de retour sur investissement, il convient de complexifier le montage, l'expression du sens, de renoncer à toute certitude en ce qui concerne sa réception. La bouteille à la mer, le « comprenne qui pourra », le « à bon entendeur salut » relèvent d'un type d'expression qui renonce à communiquer, à communier même, c'est-à-dire qui renonce au principe de transcendance du médium, de directivité du message : s'exprimer pour construire, sinon co-construire, pour laisser à entendre – quand le sens passe de surcroît.

Chaque expression que l'on forge, associée à une perception qui nous touche, est une pointe dirigée à l'endroit du monde et retournée en son envers. Par ce double mouvement, comme par un geste de couture, nous enveloppons le monde, nous le raccommodons, nous le complétons. Geste dont la partialité n'a d'égale que l'universalité. Nous étirons l'enveloppe, nous tirons sur la peau du monde, nous lui faisons la peau, chaque fois que nous le scrutons, que nous jetons sur lui un regard, forcément inquisiteur, forcément introspectif aussi bien. Notre regard ouvre et ferme en même temps le champ visuel, élargit et restreint le spectre, développe en extension et en compréhension notre conception du monde. Couverture à géométrie variable qui, en se déployant, par la multiplication des points de vue, génère un spectacle familier mais dont le point d'origine nous échappe – kaléidoscope de souvenirs, d'impressions, de sentiments, de doute et de certitudes. Nous circulons avec notre parapluie virtuel, déviant le cours de la pluie, décomposant et recomposant les intempéries, convertissant en mares aléatoires les traits plus ou moins réguliers des précipitations atmosphériques, dispersant en clapotis épars les courants *main stream*, les flux structurants de la nature. Image bien comprise de la foule dans la ville vue d'en haut, marée de parapluies, agitation élégante et nostalgique des pépins noirs protégeant, sous leur abri de fortune, l'alchimie d'une culture, d'une civilisation. En se côtoyant, les parapluies, inévitablement, se recouvrent, empiètent chacun sur le territoire de l'autre – cellules individuelles, segments de vie se chevauchant, élaborant un discours qui se propage au hasard des rencontres. Nous nous resynthétisons, nous nous « sur-synthétisons » par le truchement des instruments de nos semblables, sous couvert d'une enveloppe collective – couverture, assurance contre le risque, potentiellement mortel, d'isolement, d'excessive individualisation et psychologisation. Les parapluies à touche-touche forment ainsi un dispositif de réassurance permettant à chacun de ne pas trop « psychoter » dans l'espace urbain.

Si nous ne tenons au monde, et à nous-mêmes, que par le croisement, justement, de ces deux séries de liens (de nous vers le monde, du monde vers nous), c'est que d'une certaine façon – « quelque part », comme on dit – nous sommes des reflets du monde, et le monde un renvoi, une évocation de nous-mêmes. Telle une araignée secrétant sa propre substance ou une monade refermée sur elle-même mais tapissée intérieurement de miroirs reproduisant la vie extérieure, nous renvoyons, diffractons, disséminons, retraitons, en un processus infini, ténu et, littéralement, attachant, l'esprit du monde, tandis qu'en retour le monde agrandit, exalte, mais aussi torture, triture, asservit, libère en le déterminant, notre esprit fantoche. Pouvoir paradoxal du réel, effet réaliste de la contradiction : dialectique est notre insertion dans le monde, ambivalente notre immersion dans son inimitable liquidité. Cependant nous ne nous affolons point, nous demeurons stoïques, nous résistons aux assauts désordonnés de l'émotivité ambiante, aux inquiétudes sécrétées par les esprits animaux, les inconsciences partagées, les ambitions communes. Lecture, grille de lecture, clé d'interprétation : de quelque façon qu'on désigne notre activité herméneutique, elle perd de son efficace à être nommée, elle se dépersonnalise dans l'explicitation. Nous avons tout intérêt à camper sur notre quant-à-soi, au moins pour le temps que filtre à travers nous le flux des échanges, afin qu'il ne nous altère point, ni qu'autrui nous reconnaisse, nous investisse (et renaisse dans ce procès). Ainsi nous calmons-nous, nous en tenons-nous à l'essentiel. Vis-à-vis des autres nous demeurons clairs, limpides.

Nous montrer amènes, limpides pour les autres, comporte un risque : celui de perdre notre consistance, de devenir littéralement « transparents ». Plus simples à comprendre pour nos congénères, moins denses par nous-mêmes ; plus faciles à appréhender par eux, moins certains, moins fondés en nous. Opacité du charisme comme effet miroir maximum : ne rien lâcher, ne rien dévoiler de soi hormis par un détachement délibéré (ne céder que ce qu'on donne). Nous intégrons les autres non en ce qu'ils viennent à nous, mais en ce que nous les renvoyons à eux-mêmes. L'enfer, c'est les autres quand ils nous traversent, quand nous les attirons si fort qu'ils investissent notre corps, nous le confisquent, quand ils nous convoquent à leur tribunal. Toute communication est une perte, de même que toute relation est une relativisation. Vases communicants, tuyaux de la communication par où nous nous vidons, d'abord dans les frissons de l'épanchement, finalement dans la glaciation de la dépersonnalisation. Comment demeurer (en) soi quand on plaît, ou cherche à plaire ? Ne pas regarder l'autre, ne pas daigner tourner vers lui notre regard mais penser l'autre, c'est-à-dire le peser, l'évaluer, sans pourtant le juger : gage de notre indépendance, de notre intégrité.

Problématique du débordement : empiéter sur le domaine de l'autre, prendre l'ascendant sur son discours. Combien croisons-nous de ces impudents, plus ou moins innocents ou pardonnables, qui présupposent, en parlant, ce que nous serions censés penser, qui préemptent notre liberté de parole pour mieux asseoir, verrouiller la leur ? Mais nous constatons pour nous-mêmes combien chaque prise de parole incline naturellement vers une prise de pouvoir, une *OPA* sur autrui ; d'où la nécessité d'une vigilance constante pour nous prévenir de cet effet. Parler c'est ouvrir, étendre les bras du langage, jeter un voile verbeux sur la conscience des autres mais aussi sur la sienne propre ; c'est déclencher une dynamique d'auto-contamination où l'on s'embrume soi-même en enfumant les autres. Généralisation de l'à-peu-près, diffusion de l'approximation toxique, empoisonnement par voisinage, altération de l'entendement, pollution de l'imagination, sont les tristes conséquences de notre prétention à rentabiliser, canaliser, contrôler la pensée. Pensée, fleur sauvage, fleur de rhétorique sacrifiée, étouffée par la mise en ordre, le mot d'ordre circulant d'un individu à l'autre, cannibalisant les esprits. Nous ouvrons la bouche pour parler-manger, pour dévorer notre semblable, nous sustenter de ses aspirations secrètes, de ses conceptions originales. Nous sommes tout à la fois nous-mêmes et cet autre désincarné dont le mutisme nous menace et qui lui vaut notre débordement de paroles. Notre *je* se noie dans une logorrhée, un torrent d'insanités venu de l'autre qui est en nous. *Jeu* inconscient qui nous manipule, défaut de la langue qui nous pousse à parler.

Dynamique de recouvrement : déborder (sur) l'autre c'est le recouvrir partiellement. Lorsque deux personnes se donnent la main, elles ne se contentent pas d'entrer en contact par l'extrémité d'un de leurs membres supérieurs, elles étendent suffisamment le bras pour le superposer partiellement à celui de l'autre, ménageant une surface de recouvrement, un segment partagé. Se serrer la main c'est ouvrir un espace commun, c'est faire de deux espaces individuels (subjectifs) un seul (intersubjectif, objectivé dans une sorte de réciprocité, de double focale). Il y a là une manière de réduction (chacun dans son monde) en même temps que d'expansion (ouverture à un monde commun). Il n'est pas facile d'évaluer ce qui l'emporte, de l'effet de raccourcissement des distances du fait de leur recouvrement partiel ou de celui de leur allongement par leur addition. Si tous les habitants du monde se donnaient la main, il n'y aurait pas de mains en trop, comme dit le comique, mais de la distance en moins, à cause de tous ces recouvrements, ces extensions croisées. Extension partagée, paradoxe d'une vision qui « annulerait » une partie de son champ dans le recouvrement liminaire de ce qu'elle regarde. Il faut bien que l'œil absorbe un minimum le réel, afin que celui-ci ne lui demeure pas radicalement étranger et, partant, invisible. Quand nous regardons autour de nous, nous enjambons le réel, du moins nous en obvions la frange immédiate, celle qui nous borde, nous délimite ; nous supprimons la zone grise où d'ordinaire nous baignons sans pouvoir focaliser sur elle, parce que trop proche, trop « collée » à nous pour se laisser dévisager. Dans cette optique la véritable contemplation ne consisterait pas seulement à regarder plus loin, à étendre vers l'infini notre regard, mais aussi à rapprocher l'horizon, à le faire commencer plus près de nous. Faire surgir cette part de réel sur lequel nous n'avons pas l'habitude d'accommoder notre regard ; focaliser sur l'extrême bord de nous-mêmes, sur cette zone indéfinie, ce débord de notre corps par lequel nous nous mêlons au monde, discriminer, et relativiser l'un par l'autre, ce qui tient de nous et ce qui relève du monde.

*
*   *

Discriminer, séparer. Trancher, assigner une limite. Nécessité de la coupure, arbitraire de la décision. Conscience douloureuse de cette nécessité. Laisser tomber le superflu, l'extérieur, pour recentrer sur elle-même une intériorité qui se construit par le rejet de ce qu'elle n'est pas. Ici le débord est moins recouvrement qu'éloignement, mise à distance : par l'institution d'une zone grise, d'une frange neutre, d'un cordon sanitaire, nous repoussons le monde extérieur, comme pour mieux nous définir. Marge de rejet, marginalisation du monde autour de notre personne. Reconquête du moi contre un ça ramené à sa matérialité bestiale, à son inéluctabilité, son indubitabilité. « Cela n'est pas moi » signifie « je ne suis pas cela », « je suis ce qui n'est pas cela », je suis « l'autre de cela ».

En guise d'antalgique, de baume calmant, le débord comme surpassement, comme geste englobant, recouvrant la limite pour mieux l'occulter, la faire oublier. Non dans la confusion, le mélange généralisé, mais dans l'effusion, l'attouchement du moi et du monde, le contact sensible, la rencontre de deux épidermes. Lien des profondeurs par leur surface. On pénètre immanquablement ce que l'on envisage, ce que l'on dévisage. Il nous est impossible de demeurer, même en pensée, à la surface des choses : leur opacité nous parle, elle reflète notre réalité intérieure, nous renvoie à l'intime. Nous dirions, plus classiquement, que nous sommes interprétés par les événements, les aléas mondains. Les circonstances nous englobent, nous définissent, nous construisent. Nous naissons fusionnés, reliés, et pas seulement par le fameux cordon. Notre peau parle avant nous, elle a déjà tout dit quand nous en sommes encore à reprendre notre souffle, à découvrir les différentes fonctions de notre bouche. Sensibilité d'une peau qui ne nous appartient pas, ne nous a jamais appartenu : elle est « du monde », elle est l'impression que le monde fait sur nous. Peau bavarde, qui nous révèle plus qu'elle nous protège.

Protection, terme d'actualité : l'État doit nous protéger, l'Europe aussi. Mais il conviendrait moins de protéger que de bien exposer : nous aider à trouver l'adéquation entre ce que nous sommes et ce qui nous arrive. Épouser la vague pour bien nager, écrivait Gilles Deleuze. La protection, le fameux « bouclier », social, fiscal, environnemental, devrait être, dans cette optique, un débord nous recouvrant totalement, émanation de nous-mêmes et de notre environnement, épousant les formes de l'un comme de l'autre. Jonction étendue, formule en tant que forme programmée, énoncée par le politique, partage du « commun » au sens où Jacques Rancière employait ce terme, mais matérialisé, fait architecture. Architecture non pas surplombante mais coulante, « non standard », sorte d'abri thermoformé ne reprenant pas littéralement la forme de ce qui s'y loge, de ce qui s'y pense, mais fusionnant dans un même profil le logé et le logement. Un abri dynamique, où le concave respire en convexe et inversement ; une paroi respirante comme la voûte nervurée d'une cathédrale, comme un édredon de luxe, une mante, une couverture molletonnée, brodée d'or, un textile *high-tech* dont le seul risque associé serait de s'ériger en protagoniste principal – quand la protection prime et que le contenant joue les premiers rôles, reléguant le contenu au rang de variable d'ajustement.

Risque, donc, que le débord, amplifié jusqu'au recouvrement total, à l'assomption finale, accapare l'essentiel, de même que le médium tend à se substituer au message, la forme d'expression à la forme de contenu. Alors le débord dévore ce qu'il déborde, le bouclier écrase ce qu'il protège. Les micro-décalages se combinent, s'additionnent, finissent par recouvrir le monde entier, se substituer à lui, le faisant finalement sombrer dans l'oubli. Comme une peau, un océan ridés, autosimilaires mais, à la différence des fractals, où ce qui se répète change de nature en changeant d'échelle, le débord s'apparente, en surface, à une répétition sans fin mais (re)(dé)cèle, en sa profondeur, une masse informe et mouvante, des organes lisses, tout un stock de fonctions incarnées-oubliées qui le nourrissent par-dessous, tandis que par-dessus l'illuminent les rayons astringents-aveuglants de l'astre solaire, de l'énergie entrante, rasante, brûlante. Le débordement généralisé s'assimile à une gigantesque copulation, confirmant et redoublant l'inconsistance de la vie sexuelle, menant jusqu'à l'indifférenciation les pulsions initialement isolées, propageant un sentiment océanique mais néanmoins partiel, limité, car d'essence mécanique, composée, « post-naturelle ». Un ballet auto-entretenu, une chorégraphie introvertie, une scénographie magnifique rehaussant d'une aura de richesse l'humble reproduction du monde. Qu'on imagine seulement ce somptueux tableau, qu'on le reçoive en notre esprit, et les accords-désaccords planétaires se fondent aussitôt en une symphonie aussi criarde que définitive. Pas de nécessité harmonique, pas de fin ni de but. On avance pour voir, non pour arriver – ni même dériver.

La fiction sexuelle, l'illusion du désir, relève de ce débordement ; elle en est la relève même, se réglant sur une illusion : capter l'autre, être capté par lui. A cet égard toute pensée est érotique : embrasser des idées ou des corps, c'est tout un. L'acte sexuel est une exécution, celle d'un « plan » conçu en amont et ce « plan », sous couvert d'une projection dans le temps, appelle un étalement spatial – exhibition du débord, extrusion de la pensée. L'exécution consiste à relever, redresser, célébrer cet étalement, dans un mouvement (contre)balancé où la surrection de l'étal croise la mise à bas du sacré – descente de croix, renversement du corps sur la table d'opération où l'acte, dans son absoluité opérante, fait, justement, table rase. Acte d'impiété, sacrilège tranchant, guillotine affolée, râpe sanguinolente, la geste sexuelle s'attaque au débord, le révère et l'anéantit en même temps, dans sa prétention vaine à le résoudre, le réduire, l'ajuster tant et si bien qu'à force de le manipuler il ne subsisterait, en lieu et place du recouvrement, que deux limites ajustées au plus près, exacerbées, hypersensibles. Réussite de l'acte quand il associe deux épidermes qui ne se touchent ni ne se sentent. Fourvoiement de cet acte quand il prétend résorber le débord, dépasser le départ – arranger la solitude.

*
* *

Ambition de la pensée quand elle prétend discerner sans difficulté entre les entités et les relations. Si l'on suppose, comme on l'a fait jusqu'ici, que les entités ont tendance à s'étendre les unes vers les autres, se faisant plus grandes qu'elles ne le seraient par elles-mêmes, intrinsèquement, alors, par contre-coup, parce qu'elles se situent entre ces entités et qu'elles en subissent l'expansion, les relations tendraient à se contracter, à se raccourcir, à replier leurs extrémités, cédant par là aux entités une portion de leur espace. Il en résulte un tableau contre-intuitif où les entités, statiques au départ, s'étendent marginalement au dépend des relations, dynamiques par vocation, mais qu'une certaine « naïveté » constitutive conduit à freiner leur élan devant la pression croissante des entités.

On retrouve ici le destin commun, triste et contrarié, de la relation, que sa fragilité, sa subtilité native met en position de faiblesse face aux assauts de certitude des entités, jamais bien éloignées de l'affirmation identitaire. On pourrait voir dans cette opposition entre l'entité et la relation quelque similitude avec le couple masculin – féminin : le féminin met en rapport, s'insinue, s'immisce subjectivement entre les pôles masculins qui, n'ayant jamais remis en question leur certitude de soi, ont beau jeu de sortir courir le monde, prenant alors des risques objectifs qui leur permettent de conquérir des territoires, étendant marginalement, à la faveur de ces conquêtes extérieures, leur espace intérieur.

Il y aurait ainsi deux façons d'étendre les bras : l'une féminine, cherchant à embrasser, à entourer, sacrifiant un peu de son espace vital dans un élan rassembleur, fusionnel, et l'autre masculine, projetant ses membres sans retour, pour atteindre, pointer, ou repousser, percuter. Chacun pourrait d'ailleurs, à la faveur d'une modification de sa gestuelle, objectivement ou dans la lecture qu'en fait autrui, changer de genre, et ce plusieurs fois sans limitation. Dans l'ordre du discours, de la rhétorique, on retrouve, à travers les modulations prosodiques, cette variation continue entre des pics conquérants et des enlacements séducteurs, étant entendu que tout locuteur porte en soi les deux tendances. Ainsi les grands rhéteurs savent-ils jouer de leur genre, de leur sexe, noyant littéralement leur auditoire sous les flots alternés, le sac et le ressac d'une parole toujours changeante, vivante.

Dans un monde où chaque relation a tendance à se rétracter, la quantité globale de relation, en volume, s'amenuise en conséquence. La relation est un cristal, une structure délicate qui fond comme neige au soleil. D'où l'effort séculaire pour en produire de nouvelles, pour instituer les liens neufs, inédits, entre les êtres, entre les choses. Les technologies de l'information ne sont, dans cette optique, qu'une tentative de plus, la dernière en date, pour remédier à la disparition chronique des relations, comme il y a une disparition chronique de la nature. Avec, toutefois, dans les épisodes récents de restauration des relations, des spécificités inquiétantes, car contre-productives.

La première spécificité est que l'effort de promotion des relations est devenu d'autant plus intensif et fébrile que le rythme de leur disparition s'est accéléré. En effet, les entités elles-mêmes ayant évolué vers une plus grande standardisation, les possibilités de relations vivantes, variées, se sont raréfiées. La standardisation des entités se trouve d'ailleurs accentuée par la volonté de les mettre en relation : pour faciliter les connexions entre entités, on n'a rien trouvé de mieux que de les pousser vers plus d'homogénéité, sans se rendre compte que cela revient à appauvrir à la fois l'entité et la relation. Ainsi le serpent se mord-il alors la queue : moins il y a de relations, plus on standardise les entités dans l'espoir de faciliter leur mise en relation, rendant en réalité cette tâche plus ardue. Drame de la modernité, qui régule toujours plus en vue de favoriser la production, et par là-même rend problématique, sinon stérile, cette production, trop pauvre en relations.

La deuxième spécificité, découlant de la première, est que l'on conçoit de plus en plus la relation comme connexion entre des entités homogènes, c'est-à-dire préparées, conçues à l'avance pour cette opération. Sortes de véhicules dotés nativement de crochets permettant leur attelage, les entités s'inscrivent dans le mythe technologique du *connection ready*. Comme le déplorait Gilles Deleuze, on relie « le même au même ». Il y a bien sûr une universalité du principe d'homogénéité comme préalable à la relation – ce qu'on nomme compatibilité. Le langage, qui enchaîne les mots selon leurs présupposés complémentaires, en est le meilleur exemple. On sait depuis le structuralisme que tous les systèmes fonctionnent sur ce modèle. Mais vouloir envisager les connexions ultérieures, non encore réalisées, de l'entité (son potentiel de « connectivité ») avant même d'en avoir exploré toutes les caractéristiques, la nature propre, est une préoccupation typiquement contemporaine. Sorte d'utilitarisme, de constructivisme généralisé qui plonge l'entité dans un bain virtuel de relations, convertissant ses relations possibles en appendices matérialisés, greffant sur l'entité des excroissances à destination fonctionnelle, non pas tant des articulations ou des charnières, dont le principe renvoie encore trop à une mécanique moderne ou pré-moderne, mais plutôt des « poignées » – *handles* – supposées faciliter la prise en main, l'interconnexion. Accessoires qui finissent par former l'essentiel, l'entité n'étant alors qu'un agrégat de poignées plus ou moins intégrées, fusionnées, selon le degré d'élaboration de son *design*. Or si l'intégration des fonctions dans la masse a depuis longtemps caractérisé le développement technique – on peut se référer sur ce sujet aux analyses éclairantes de Gilbert Simondon – la focalisation de ces fonctions sur le plan communicationnel semble assez récente.

La troisième spécificité découle à son tour de la précédente : la matérialisation des relations potentielles, sous forme de « poignées », d'abord greffées sur l'enveloppe de l'entité puis intégrées à son cœur même (on dirait aujourd'hui « *by design* »), promeut lesdites relations en déterminants principaux, en parties essentielles de l'entité. Entités qui ne sont plus que crochets, attelages, dans une sorte de généralisation du *clinamen* de l'atomisme antique, où les atomes crochus constitueraient le tout du monde sensible, ne « crochetant » que d'autres crochets. Chaînes, assemblages, maillons sans fin et sans contenu, agrégats, connexions de *nexus*, nœuds ne nouant que leur propre entrelacement. Il faut nous imaginer nous accrochant par nos mille bras au monde environnant, tel des bouddhas aussi sages que diffus, nous déplaçant sous l'effet du mouvement involontaire de nos membres autonomisés, transportant avec nous notre conscience diffractée, disséminée. Alors, oui, nous ressemblerions à un Grand Véhicule, à un Véhicule de Diamant, archétype du véhicule autonome, déchiffrant les signaux émis par le monde ou, plutôt, les recyclant, les réécrivant à notre goût.

Le but ultime serait-il de ne plus différencier entité et relation ? Quand l'entité n'est plus conçue que comme support de la relation – quand le chaînage de pierre se substitue au mur –, alors se fait jour une notion spécifique : le réseau. Celui-ci est la réduction extrême, la condensation, confinant à la disparition, de l'entité prise dans ses relations. La mise en réseau apparaît comme l'option la plus actuelle, performante, souple, appropriée, permettant de contrebalancer la tendance spontanée des relations à l'attrition, à la disparition. Il a toujours existé des réseaux mais marginalement, comme de surcroît par rapport à la domination effective des entités. Aujourd'hui nous assisterions au devenir-majoritaire des réseaux, à leur explosion généralisée. Explosion est le terme juste : expansion brutale, recouvrement de pans entiers du réel par la matière projetée. Avant même d'entrer en fonction, les réseaux recouvrent le réel d'un tissu, d'un rideau de fumée. La toile existe moins en soi que comme voile nécessairement appliqué sur une surface préexistante, où elle vient imprimer ses lignes de fuite et ses points intensifs, pour reprendre le vocabulaire deleuzien. Il y aurait une intelligence, une vitalité des réseaux, mais dont la particularité serait d'être secondaire, comme entée a posteriori sur le réel – secondaire bien que majoritaire. Réseaux à la fois nécessaires et superfétatoires : incapables de s'établir, de survivre par eux-mêmes mais indispensables à notre rayonnement, notre accomplissement, notre enthousiasme. Sans cette fine pellicule réticulaire qui recouvre toute chose – discrète *reliance* de nature arborescente ou rhizomatique, la distinction n'est peut-être pas si importante qu'on l'a cru au regard de sa prolifération même – nous ne pourrions prendre celles-ci en main. Sans la poudre blanche qui, à l'image de la poussière de froment dans le moulin de maître Cornille, préfiguration de la « dope » cosmopolite, rehausse le réel, l'illumine tout en l'anesthésiant, nous ne trouverions pas la force de jouer les hérauts de la modernité. Nous ne pourrions nous maintenir à la hauteur de notre vocation.

*

*   *

Dès que nous pensons nous le faisons « réticulairement » ; nous bifurquons, nous multiplions les connexions internes. Comme un tableau électrique qui, en coupant un contact, ne peut s'empêcher d'en établir un autre, comme un va-et-vient qui ne s'interrompt d'un côté que pour reprendre de l'autre, nous avançons, nous conceptualisons entre deux murs et, si un heurt trop violent contre l'un nous repousse, le rebond nous renvoie aussi sûrement vers l'autre, dont l'abord ne se révélera pas moins âpre. Peu importe que la réalité soit binaire, ternaire, ou d'une quelque autre dimension, ce qui compte est qu'il faille désactiver une option pour activer la suivante, abandonner une position pour en occuper une autre. Et même si le réel se présente comme un continuum il faut encore, si l'on veut avoir la sensation de progresser, s'arracher à une posture (interne, cette fois) pour adopter la suivante, ce qui revient à segmenter, par un effet de cliquet subjectif, une progression objectivement fluide. Qu'on imagine la rugosité microscopique du neurone, sa nature ébouriffée, proliférante, sous-jacente à sa fameuse « plasticité », qu'on se projette dans ses tubulures fibreuses, nervurées, irriguées, et l'on comprendra combien notre pensée, si biologique, si animale, si inconsciente au départ, ne prend son envol, ne s'élabore, ne se complexifie et ne s'humanise, qu'en dramatisant, en décuplant, en amplifiant les micro-progressions, les micro-ruptures, en synchronisant, en superposant les micro-limites, les micro-frontières, jusqu'à obtenir des entités d'ordre *macro*, signifiantes, stabilisées. Le concept comme substitut d'une série de métaphores oubliées, le jugement comme paravent de préférences occultées, la raison comme reprise d'une sensibilité éparpillée : ainsi s'obtient l'unité qui est le propre de l'homme, l'arrêt sur image qui fixe le film de notre vie. Nous simplifions, unifions, hiérarchisons, oubliant ce qu'est notre pensée à son origine : une gerbe de folles herbes, une volée de brindilles, une série de petits faits qu'à force de glaner, fagoter, lier, regrouper en quantités notables nous rendons signifiants, éloquents, et nous avec eux. La liaison de faits originellement épars nous délie la langue, l'asservissement du monde institue notre parole souveraine. Nous recyclons nos petites souffrances dans le grand sacrifice du réel et, en rendant un culte à l'ordre cosmique, nous nous célébrons nous-mêmes. Au bout du neurone, du tuyau, du tunnel inaugural, c'est notre pensée qui s'allume, se met en branle, propulsée par notre ressort corporel, nous berçant d'illusions nécessaires, soutenant notre fierté. Héros du quotidien, rescapés d'un passé qui aurait pu ne jamais passer et nous ravaler au rang d'une quelconque créature : nous en sommes là, arrivés parmi les derniers certes mais « parvenus », nouveaux riches convertissant en titres de noblesse d'improbables faits d'armes que personne n'est en mesure d'attester. Comment s'étonner, dans ces conditions, que le syndrome dit « de l'usurpateur » touche, fût-ce inconsciemment, tant d'entre nous ?

Nous retrouvons ici l'une des manifestations les plus néfastes du décalage quand il n'est pas maîtrisé, à savoir : pris objectivement, la déviation, la migration, le déracinement ; pris subjectivement, la désorientation, l'incompétence, l'impertinence. Se sentir étranger à soi, perdu parmi les autres, ni exactement soi-même, ni exactement un autre – indéterminé. Si la négation a d'ordinaire un effet déterminant sur son objet – en disant non à ce qui n'est pas, je restreins le champ des possibles tandis que le oui à ce qui est en ouvre le champ – ici le non-soi, outrant son auto-négation, se tient dans le vague. Double maldonne, double imprécision donc, de ce qui ne trouve pas dans l'affirmation de soi son assise ni dans la négation des autres son « bordage », son « entourage - détourage » qui eût pu lui tenir lieu de (dé)finition. Le soi comme entité indéfinie, endroit inhospitalier, lieu interdit au repos. L'excès de décalage épuise le possible, le rend impossible. On a beau envisager l'éventail des possibilités – incidemment d'une île, d'un *topos* utopique – on n'aboutit qu'à la dérive, à la débandade. On ne se projette que pour se heurter aux murailles qui défendent l'absence de tout projet. Plus d'idée, plus de forme séduisante pour nous attirer, nous aimanter, nous faire croire en nous. Même, et surtout, en plissant les yeux, nous ne voyons plus, dans la lumière oblitérée d'un astre central, que notre bord, notre profil, notre périphérie déconstruite.

Ainsi nous inscrivons-nous dans une géométrie circulaire qui à la fois nous ressemble, nous reflète et nous évide, nous consume. Comme si un monde créé à notre image devait dissiper, justement, notre image de soi. Un monde trop accueillant pour nous permettre de demeurer nous-mêmes – on sait qu'un excès d'hospitalité tend à phagocyter l'hôte trop accommodé tandis que l'hostilité renforce l'étranger dans son identité. Expérimenter, avec prudence, une distance entre soi et soi-même, aide à se construire, en dépit de soi, en débord de soi. Je me déborde, je me découvre et me recouvre, je m'expose et me retire. Je pratique un jeu de cache-cache, je me dissimule pour simuler un autre qui me ressemble : c'est là le secret d'un décalage contenu, formel, restreint, équilibré – un décalage raisonnable, humaniste en somme, loin des revirements et des pertes du décalage matériel, animal.

*

* *

Dans ce jeu de faux et de vrai-semblants il n'est pas aisé de se positionner, de régler son langage. L'expression doit tenir l'équilibre entre le subjectif et l'objectif. Il ne sert à rien de poser les problèmes les plus subtils, y compris ceux qui interrogent justement ces notions très contemporaines – la question du dehors et du dedans, du contour, de la limite – si c'est pour les poser par-devant soi dans le discours comme on arrange les éléments d'une nature morte, comme on dispose des organes sur une table de dissection. L'objet du discours est à considérer comme vivant, il réagit aux manipulations qu'on lui fait subir, il n'a pas d'existence qualifiable en dehors de notre expérience ; il est *objet* mais aussi *produit* dans le discours, il se façonne à travers lui ; son essence dynamique ne saurait se plier à une appréhension statique, détachée. Nous sommes impliqués dans le discours qui émane de nous, notre vérité se love dans des replis obscurs de nos analyses apparemment les plus limpides. Pour étudier un phénomène, quel qu'il soit, il convient de l'approcher par la bande, par ses limites. On ne « pénètre » pas un problème, on ne le « jette » pas davantage devant soi, quoi qu'en dise l'étymologie. On « problématise », c'est-à-dire qu'on exfiltre de soi-même, non pas un *ob-jet*, mais un *sub-jet* d'interrogation. Dynamique *borderline* du discours qui court entre ses propres lignes. Exprimé le plus clairement du monde, le décalage se décale encore.

Si comprendre implique de ressentir, alors saisir un problème suppose de sortir de soi, non pour chercher au-dehors ce que nous aurions pu retrouver en nous et que nous aurions oublié – pas d'anamnèse ici – mais pour accompagner dans sa sortie hors de nous, dans son mouvement d'évacuation, une entité, une disposition d'esprit produite à ce moment précis – processus plus ou moins maïeutique, voire « auto-maïeutique ». Le schéma de l'élaboration onirique du savoir peut ici servir de guide : souvent lorsque nous rêvons nous croyons retrouver une situation issue d'un rêve antérieur mais nous nous rendons compte au réveil que l'ensemble du rêve a été produit en une seule fois. Comme dans un accouchement, notre pensée sort d'un bloc de nos entrailles. Cela ne signifie pas qu'il en soit de même pour la produire : son élaboration, sa préparation supposent une durée dont on ne trouve plus trace à l'heure de sa restitution. C'est cela qui crée la surprise, l'impression de nouveauté, d'autonomie de l'objet et qui, pour finir, donne naissance au problème : on élabore longuement pour, ensuite, restituer d'un coup – moment du détachement, de la (petite) révélation, de la découverte, du débordement.

Surprise, célébration, joie, effusion mais, déjà, confusion. Avec l'effusion créative le débord manifeste, en effet, une forme de brouillage. Il ne faut pas chercher pour autant à débrouiller cet entrelacs. Le langage n'a pas pour vocation d'expliciter le réel mais bien plutôt d'en refléter le mouvement. C'est « encapsulée » dans le langage que la réalité nous apparaît – élément concret, appréhendable. S'exprimer sans être explicite. On ne peut saisir uniment les choses ; on ne peut que glisser dessus. On les désagrège sitôt qu'on les appréhende. On suppose qu'elles ont existé avant que de nous y intéresser – au sens propre, avant de nous mêler à elles. On induit, à partir de notre intérêt pour elles, leur existence autonome. On tend une main pour saisir la part de devenir d'une entité dont on vient de présupposer un état passé. Mais peut-être constituons-nous, depuis notre extériorité, le seul lien qui soit entre le passé et l'avenir des choses ; peut-être en va-t-il de même pour nous, choses parmi les choses, appréhendées par des instances extérieures. On voit bien que, si en saisissant les choses on les fait passer d'un instant, d'un état à l'autre, en même temps on les décompose, on les virtualise. A travers elles on ne saisit rien que notre intention, fût-elle inconsciente. On concrétise, en elles, nos vues sur elles.

Sous ces attendus le langage s'avère un faux-semblant : ses pinces ne serrent rien, ne retiennent rien, intervenant seulement comme des indices nous informant, par leur direction, leur longueur, leur forme, leur angle, sur celui qui les manipule – le dénommé « locuteur ». Nous sommes parlés par le langage ; les choses, dématérialisées (néantisées, dirait un existentialiste ou un phénoménologue) par la saisie que nous opérons sur elles, investissent largement ce langage qui émane de nous mais nous échappe aussi bien. Le langage, virtuel, rejoint son objet, virtuel également, par-dessus le sujet qui le porte, et à son détriment. Ce n'est là que justice : comment pourrions-nous avoir la prétention de nous saisir d'objets qui resteraient neutres, se laisseraient gentiment manipuler sans profiter eux-mêmes de cette opportunité pour investir la virtualité offerte par notre mouvement de préhension ? Ouvrir la main pour la refermer sur un objet c'est, automatiquement et magistralement, déployer autour de lui, au-dessus de lui, un espace d'expansion, un horizon d'attirance, un ciel d'ascension. Mais cette force ascendante, qui monte à partir de nous, nous écrase en retour, nous renvoie aux bas étages de notre volonté de captation, de nos instincts vulgaires. Conception plébéienne du savoir comme appropriation, contre celle, nobiliaire, de la saveur. Le bon goût se garde de toucher, de s'emparer. L'aristocrate parle à distance, ne saisit le réel qu'avec des pincettes. Il sait que c'est la condition pour ne pas disparaitre, ne pas s'effacer derrière son savoir – et aussi pour que ne disparaisse pas l'objet même de son savoir, que sa science n'en noie pas le mystère. Distinguer entre les choses, en saisir les nuances, les différences, plutôt que se les approprier : secret de la persévérance, de la continuité de l'être. Le noble vit longtemps et vieillit bien ; il se maintient au bon niveau, ne rétrocède pas devant son objet ; chasseur, il se tient à distance de sa prise ; il la maintient dans les limbes pour mieux préserver sa mythologie personnelle.

Nous sommes porteurs d'une mythologie individuelle, érigée en système, composée de l'ensemble de nos visées, de nos intentions inabouties. Nos réalisations effectives, si tant est qu'il puisse y en avoir, n'ont pas droit de cité dans cet ensemble. Toute structure a besoin de pleins et de vides ; notre plénitude psychique appelle, pour s'étayer, le creux de notre intentionnalité. De même que je crée d'abord, par ma main sur le point de saisir un objet, l'espace ouvert qui saura paradoxalement le recueillir, le mesurer, le circonscrire – et donc le faire exister pour moi, amplifiant au passage mon propre sentiment d'existence – de même mon intentionnalité, pointe brillante orientée vers le creux des apparences, y ouvre un espace mental, structuré par moi, où ces apparences pourront acquérir une certaine stabilité – j'effectue par là un acte *ontique*, j'actualise une force « persistancielle » fort éloignée d'une quelconque notion de « réalité ». Si le désir déréalise son objet, l'intentionnalité dissémine le sujet – phénomène qui dépasse le point de vue strictement psychologique pour affecter notre mode d'existence. On pourrait dire que l'intention, qui est notre instrument privilégié de saisie du monde, étend partout notre débordement, propage nos décalages, fait proliférer et s'accumuler les couches subjectives, les recouvrements partiels et partiaux. A peine a-t-on ouvert les yeux que déjà on contamine le monde, lui inoculant le virus du débord, de l'invasion, de la conquête par le point de contact, de la progression par capillarité, par jeu de saute-mouton.

Le phénomène de capillarité a évidemment un lien privilégié avec le concept de décalage, via la notion du débord. Ce lien repose en premier lieu sur le rôle éminent du point de contact. Notre constitution liquide a besoin, pour se structurer, de s'appuyer sur des corps qui lui soient hétérogènes mais qui aient la capacité d'entrer immédiatement en dialogue, en échange, avec elle. Un échange asymétrique, puisque ces corps influent sur notre forme extérieure, sur notre profil frontalier – le fameux ménisque de l'eau dans le verre, la ligne de front de l'encre progressant dans le papier buvard – tandis que nous ne modifions pas l'aspect extérieur desdits corps mais seulement notre position en leur sein, même si nous en altérons, par notre immiscion, la structure physico-chimique. On voit ici que le débord nous engage plus que nous n'engageons ce sur quoi, vers quoi ou dans quoi nous débordons. Cette asymétrie caractérise notre insertion dans le monde et nous devrons la prendre en compte dans notre définition de l'existence, considérée non plus dans sa forme – le statut du sujet – mais dans son contenu – ce qui arrive au sujet.

Si le point de contact survient en un lieu stratégique, ce lieu est aussi celui de son propre dépassement. En effet, le milieu investi par le liquide est l'occasion pour celui-ci d'un déplacement dont l'initiative est d'origine à la fois interne – progression opérée grâce aux propriétés du liquide – et externe – attraction déterminée, appelée par le milieu. Ce faisant, la ligne de contact se déplace et le phénomène se reproduit alors, jusqu'à ce qu'une cause extérieure – la gravité, la pression, l'épuisement du liquide ou la délimitation du milieu – vienne le stopper. Le milieu est donc à la fois le support qui permet le déplacement, le catalyseur qui le provoque et l'agent qui le perpétue à ses dépens puisqu'il s'inactive par saturation à mesure qu'il l'engendre. De même, par le décalage, nous nous maintenons dans un déséquilibre dynamique, fait d'attirance, de conquête et de dépassement qui néantise les choses à mesure que celles-ci l'alimentent.

*
* *

Vivre le décalage c'est donc accepter une certaine perte, un effacement partiel, une part d'incompréhension. De même que le liquide s'absorbe, se résorbe, pour avancer, de même nous nous perdons un peu dans chaque événement, dans notre réaction à cet événement. Une porte claque derrière nous, nous portons sur elle notre regard mais il est trop tard, nous avons manqué l'événement, comme on rate une marche, comme on glisserait dans l'espace entre le quai et le train – malgré tous les avertissements sonores ! –, aspirés par le vide et l'obscurité. Notre retard à l'allumage provoque notre disparition, corps et âme, dans un souffle, un grincement, un chuintement à peine perceptible. Point de drame ni de tragédie ici : demeurer en retrait de l'événement, le manquer lorsqu'il survient, est le lot des animaux évolués.

Mais nous sommes plus que des animaux évolués : nous sommes des humains. En tant que tels nous ne laissons pas en jachère le territoire du décalage . Nous adoptons à son endroit deux attitudes opposées : soit nous le réduisons, le faisons disparaître, un peu comme la pensée dialectique peu choisir de « laisser tomber » l'élément contradicteur, tenu pour partie négligeable ; soit au contraire nous l'amplifions, le portons à une échelle majeure, à la manière dont la même dialectique peut décider de « relever » l'élément contradicteur pour en faire une pièce essentielle dans l'élaboration de la synthèse. Dans les deux cas, à la différence des animaux qui vivent le décalage dans sa dimension exacte, à savoir, paradoxalement et simultanément, positive, ponctuelle mais dont le sens demeure indéfini, nous forçons le décalage à rentrer dans une dimension qui lui est étrangère : ou bien la dimension vide du néant, du rebut, du rejet, mais définie en tant que telle (le « rien ») ou bien au contraire la dimension étendue, virtuellement sans limites, infinie mais pas pour autant indéfinie (le « tout »). Quoi qu'il en soit nous faisons subir au décalage une torsion, ou extorsion : qu'il nous cède tout mais ne soit plus d'aucun secours (le décalage résiduel du « rien ») ou que lui nous cédions tout mais qu'il nous prenne en charge (le décalage généralisé du « tout »). Dans le premier cas le décalage nous importune mais seulement comme événement accidentel, dans le deuxième il nous (re)construit mais sans égard pour notre nature propre. Notre liberté s'en trouve, en toute hypothèse, exaspérée, altérée : soit qu'elle soutire de force au décalage, pour se l'approprier, son indétermination – viatique pour la liberté –, lequel en sera donc privé mais reviendra dès lors la hanter pour récupérer son bien (libre impuissance émanant des actes manqués), soit qu'elle se voit gratifiée, par un décalage agrandi et dominateur (« augmenté », comme on le dit aujourd'hui de la réalité mêlant éléments réels et virtuels), d'une indétermination puissante mais étrangère, inadaptée à sa nature profonde (puissance assujettie à un surmoi dictatorial). D'un côté nous exerçons notre souveraineté mais sur un monde absurde, insignifiant, injustifiable, de l'autre nous jouissons d'une protection assurée mais par une instance despotique, aliénante. Ainsi flottons-nous entre deux modes d'existence, notre liberté s'avérant, des deux côtés, incompatible avec les objets qu'elle se donne. Tout l'inverse des animaux, incapables d'éprouver leur liberté faute d'objet sur lesquels l'exercer ou de décalage par rapport auquel la situer, mais livrés, par leur enracinement même, à un territoire qui les dépasse et les ouvre au monde – sorte de liberté contrainte, automatique.

Le débordement serait bien une voie de sortie, un passage obligé pour accéder à une souveraineté non aliénée, à une liberté préservée, effective. Avant même de se présenter comme point de passage, comme connexion possible, il nous apparaît comme une échappée visuelle, il nous offre une vue secrète, dérobée, sur le monde. La fascination immémoriale de l'homme (et de plus d'un animal) pour les points de vue, les observatoires plus ou moins dissimulés – depuis les trous de serrure jusqu'aux caméras cachées, depuis les panoptiques imaginés à l'époque des Lumières jusqu'aux indiscrétions des réseaux sociaux – tient peut-être moins à l'acte de voir, de transgresser l'interdit, c'est-à-dire à la simple pulsion scopique, qu'à l'attraction puissante qu'exerce sur nous l'ouverture infinie, le souffle irrésistible du décalage, sa puissance de feu, de balayage. Notre goût immodéré pour la révélation des secrets, des choses cachées dans la nature – la nature incluant ici autrui – relèverait moins du plaisir névrotique associé au passage par l'étroit, à la pénétration du col, que de la jouissance psychotique obtenue par l'élargissement, l'expansion dans la matrice. Le décalage s'apparente à un phénomène astral, à une sorte d'éclipse de soleil dont on ne peut bénéficier qu'à la condition d'avoir préalablement occulté l'essentiel, c'est-à-dire réduit le passage de la lumière afin que son flux, maîtrisé, ne nous aveugle pas. Observation qui, en fin de compte et d'expérience, nous donne accès à des espaces certes périphériques mais où, par l'intermédiaire de rayonnements indirects, de réverbérations, nous nous projetons vers le centre brûlant – vers le cœur du désir, dans son axialité supposée postulée.

Ainsi donc le décalage, compris initialement comme menu recoupement, légère distorsion, phénomène très local, se révèle finalement être une clé ouvrant sur les perspectives les plus larges, les mondes les plus nouveaux. Ce processus d'ouverture, ce rôle de filtre, de diaphragme – à la fois disque repoussant au plus loin sa périphérie et orifice central ouvrant sur la plus grande profondeur – s'inscrit dans la lignée des phénomènes vitaux, biologiques ou cosmiques, dans la série de ces aventures, de ces contes et légendes qui, nous renvoyant d'accélération en basculement, d'épreuves en passages, non seulement rythment notre vie, mais en expriment l'essentiel. Quelle que soit sa géométrie constitutive, sa structure interne, le décalage apparaît inévitablement comme sphérique tant il contribue à faire tourner la roue qui nous emporte, nous fait vivre et, par là-même, souffrir. Le décalage, c'est d'abord la pupille de notre œil quand elle échoue à accommoder ou qu'elle le fait à contretemps ou à contre-jour. C'est ensuite la présence des ondes, sonores, lumineuses, magnétiques, qui excitent notre sensibilité, la poussant à répondre, l'enfermant dans le psychodrame de la réaction. C'est, enfin, la circularité de la pensée passant et repassant au-dessus des manifestations de la vérité sans pouvoir s'en détacher, ni les récupérer, ni les laisser tomber, et qui imprègnent notre cerveau avec juste ce qu'il faut de persistance et de superficialité pour le marquer définitivement sans altérer sa virginité. Tel un oisillon sollicitant, du battement de ses ailes peu assurées, le vide qui se refuse à lui, le décalage fait de nous, à chaque instant, des nouveau-nés, des créatures à peine dessillées, des êtres membraneux ouvrant et refermant leurs orifices, dans l'espoir qu'un faisceau de lumière y pénètre et réduise l'obscurité qui les constitue, les enveloppe, après les avoir engendrés.

Le décalage, par son affinité avec la circularité, s'apparente à une cible, un point, un centre. Centre non pas centré, central mais démultiplié, diffus, proliférant. Centre malgré tout, avec ses valeurs de référence, ses instruments de repérage. C'est là son paradoxe essentiel : le décalage nous décale, nous décentre, sans jamais se décaler, se décentrer. Là s'originent sa force, sa puissance, son ascendant sur nous. Relation asymétrique au décalage qui nous laisse épuisés, exsangues. Tel un cancer le décalage prolifère, se nourrissant de lui-même – qui ne perd pas le nord – et de nous – qui l'avons depuis toujours perdu. On pourrait dire que du décalage qu'il nous dévore, qu'il contredit notre nature même, si nous n'étions précisément faits d'une accumulation, d'un enchaînement de décalages, si notre épaisseur vivante, charnelle, était autre chose qu'un amoncellement de débords, chacun d'eux inerte, insensible, mais dont l'ensemble déborde, justement, de vie grouillante, de ruissellements féconds.

Paradoxal décalage, à qui nous devons tout parce qu'il est en nous, parce qu'il *est nous*. Il nous tient comme nous le tenons, sur lui nous ne pouvons nous reposer car sitôt qu'on essaie de l'identifier, de le circonscrire, il se défile, nous glisse entre les doigts, nous décale précisément. Drame intime : en notre cœur, au plus profond de notre chair nous logeons des entités glissantes, des germes d'indiscipline. Notre plus grande force, notre plus extrême rigueur n'est que le reflet, le mirage, l'effet rebond d'un conditionnement animal, d'un réflexe constant, inexpugnable, lequel nous soumet sans relâche à des tressaillements, tremblements, esquives inconscientes, amorces de fuite. Le décalage a ceci d'admirable que c'est en tant que désaxé, déstabilisant, qu'il nous constitue, et en tant que visée circulaire, centrée, qu'il nous échappe. Du décalage nous ne percevons que les accidents, nous ne faisons que subir les irrégularités. Pourtant, sans son perpétuel jeu de glissades, de retardements, toute perspective sur le monde serait pour nous non seulement prohibée mais impossible. Nous avons besoin du décalage comme filtre, et comme philtre, pour supporter la vie, nous en accommoder, la faire nôtre au moins à la surface de notre conscience, à défaut de la désirer dans ses profondeurs inconscientes.

* *

*

* * *

CHAPITRE 4

Ajustement du décalage, déconstruction de soi

Nous avons besoin du décalage, en tant qu'il constitue l'écran indispensable entre nous et le monde d'une part, nous et nos pensées d'autre part. Il est un garant de l'extériorité de ce qui nous arrive comme de l'intériorité de ce que nous pensons. Sans lui, nous serions envahis, sans filtre, par un enchevêtrement inextricable de micro-événements internes ou externes qui feraient masse et plomberaient littéralement notre capacité de mouvement, bloqueraient nos articulations, notre respiration, notre raisonnement. Le décalage établit la distance, le vide nécessaire à notre faculté d'accommodation, de focalisation. Il s'apparente à un jeu de lentilles. Cependant, comme tout système optique, il induit de la distorsion, de l'approximation, du flou. Le central et le marginal ne sauraient être rendus simultanément avec les mêmes qualités. Le décalage procède précisément d'un équilibre qualitatif entre ces deux pôles : au centre, la netteté dans la fermeture, la précision au détriment de la polysémie ; sur les marges, l'ouverture dans l'approximation, l'ambivalence du sens. Bien sûr il existe des centres mous, des conforts sécurisés, des milieux indéterminés ; mais leur indétermination, telle celle de la mer, de la steppe ou du ciel, revêt toujours une signification globale, comme fondue dans leur masse ; en tant que milieux non marginalisés, ils constituent des objets filtrables, « décalables », c'est-à-dire logeables dans notre esprit. Même déformés, réduits, transfigurés par le décalage, ils tiennent encore dans une case, nos neurones sont capables de les embrasser. Nonobstant leur mouvement interne, leur agitation brownienne, ils restent des cibles, des entités. Notre imagination, préservée, choyée, cocoonée par le filtre protecteur du décalage, peut se les approprier. Bien sûr, il existe encore des frontières à défendre, des détourages dessinés dans la précision et la coupure, des camps retranchés, des zonages intransigeants. Mais, là encore, le décalage mental intervient pour les incorporer, les assimiler et, ce faisant, les relativiser, les mettre en mouvement, les libérer de leur carcan, les amenant finalement, de force et paradoxalement, à s'ouvrir, à récupérer l'approximation, le flouté propre aux marges.

Grâce au décalage, à sa puissance de feu, à la pénétration de ses faisceaux, nous sommes installés dans la vie comme au cinéma. De là certainement notre fascination (« faisceau ») pour les écrans : non que ceux-ci simulent bien la vie mais, celle-ci nous apparaissant nativement comme sur un écran, celui du décalage, ils semblent relever de la vie même, pouvant légitimement prétendre s'y substituer, ou l'améliorer, ou « l'augmenter ». Et cela, quelle que soit la pauvreté de leur contenu, la niaiserie de leurs procédés. Leurs défauts, leur simplisme, leur réductionnisme, leur illusionnisme grossier sont néanmoins justifiés par le fait que l'écran premier qu'ils imitent, celui sous les auspices duquel ils se placent, l'écran originel de la vie, à savoir, le décalage, comporte lui-même de l'illusion, de la distorsion. Il y a là substitution d'une vérité originelle non point par une imitation secondaire mais par une illusion constitutive, native, une vérité reconstituée, reproduite. L'illégitimité dérivée des écrans renvoie à celle, initiale, de la vie. Ainsi les écrans opposent-ils à la vie une concurrence non pas déloyale – ils sont faits du même bois – mais perverse-inverse, en ce qu'ils en détournent l'usage, en bouleversent l'ordonnance. Domesticité, banalité de l'aggloméré, du contreplaqué, du lamellé-collé, versus l'altérité irréductible du bois massif.

Que la vie soit, en son fond, illégitime, constitue l'horrible vérité que cherche à dissimuler, justement, le déploiement, également illégitime, des simulacres. Ce qui nous agace, en dernière analyse, dans les écrans, ce n'est pas tant leur fausseté, la naïveté éhontée de leur prétention au réalisme – cela est trop évident pour nous déstabiliser – mais le fait que leur facticité – qui est en quelque sorte leur vérité – nous renvoie à ce que nous ne voudrions pas voir, en l'occurrence la facticité de l'existence elle-même. La superficialité des écrans reflète celle du monde, elle la révèle même, exprimant ainsi sa vérité profonde. Elle nous fait comprendre, sentir, que tout est écran, que derrière chaque écran il y a un autre un écran, derrière chaque voile un autre voile. Que cette vérité soit exprimée de façon plus ou moins élégante, élaborée, sophistiquée, cela ne change rien à cet état de fait : nous trouvons systématiquement sur notre chemin un écran qui nous barre la route et qu'il nous est impossible de contourner pour le prendre "à revers", pour l'aborder à partir de ce qui serait un point de vue objectif de la vérité, une perspective indubitable, une position de certitude depuis laquelle ledit écran, révélé dans sa matérialité technique, serait beaucoup plus facile à maîtriser. Que l'écran "fasse écran", c'est-à-dire dissimule autant qu'il révèle, soustrayant au regard cela même que supposément il lui offre, voilà qui ne surprend point. Plus étonnant en revanche, plus retors, est le rapport entretenu par l'écran avec l'image, dont la projection est le prétexte même de son propre déploiement, son alibi formel si l'on peut dire, le moyen par quoi il se constitue en obstacle, en voile recouvrant paradoxalement ce qu'il promettait de révéler.

Entre l'écran et l'image s'instaure un jeu complice, nourri du contraste entre l'opacité du premier et la luminosité de la seconde. Opacité objectale de ce qui s'interpose, lumière « subjectale » de ce qui renvoie à un au-delà. Les deux qualités sont réunies dans un artefact, un agencement abstrait produisant un effet d'annonce que nous désignons à son tour par le terme « écran ». De même que le signe linguistique est l'union interfacée d'un signifiant et d'un signifié, il convient de distinguer l'écran au sens premier, support inerte (tenant la place du signifiant) et l'écran au sens second (équivalant du signe) à savoir le système, l'assemblage d'un écran-support et d'une image. Que les deux notions, écran-support et écran-système, soient désignés par le même terme générique d' « écran » maintient une confusion profonde empêchant (à dessein ?) d'y voir clair dans l'alliance de la technologie et de l'idéologie. Car de même que dans la mythologie barthésienne le signe, union arbitraire d'un signifiant et d'un signifié, devient à son tour le signifiant, supposé naturel, d'un autre signifié, ici l'écran-système, union d'un écran-support et d'une image, devient lui-même écran-support pour une autre image. Ce nouvel agencement, qu'on pourra dire de niveau deux, bénéficie, du fait de sa complexité, de son double fond en quelque sorte, d'un surcroît de puissance : il impose davantage ses messages, il résiste mieux à l'analyse.

Entre l'écran-support et l'écran-système s'ouvre l'espace du décalage, qu'articule l'image associée. C'est elle qui les sépare, qui décolle le système du support, règle l'angle, la distance, entre ces deux plans. Comme un rétroviseur, l'écran-système nous renvoie au support initial, filtré toutefois par l'image interposée. De ce filtre, de cette mise à distance, par l'image, de son propre support, au profit d'un système naissant qui nous donne l'impression de découvrir une image « naturelle » là où il n'y a que dispositif technique, l'image tire sa force, sa légitimité. Effet de réel, duplicité de ce qui est apparemment fusionné bien qu'en réalité séparé. La technique nous donne à voir, dans le miroir occultant de l'image, l'évidence d'une nature devenue d'autant plus centrale qu'elle est sur le point de disparaître.

Sachant que ce passage à la puissance de l'écran, du plan-support au plan-système, réutilisé ensuite comme support pour un nouveau système, est répétable à l'infini, nous nous trouvons pris dans une multitude de plans superposés, emboîtés, formant comme une enveloppe lumineuse, un kaléidoscope balisant, circonscrivant, de ses facettes autoréférentielles, le territoire de nos pensées.

On constate ainsi que le décalage n'est pas seulement subjectif, lié à notre manière de percevoir le monde, mais qu'il a sa racine dans le monde même, immiscé entre les écrans quand ils se voient investis tantôt de la fonction de simple support et tantôt de celle de système signifiant. Bien sûr cet investissement, et la fonction signifiante, proviennent en dernière analyse de nous-mêmes : les mille reflets de l'enveloppe kaléidoscopique renvoient vers nous. Mais cette vérité cède au fait que le décalage soit ressenti, comme foncièrement exogène – nous donnant au passage un prétexte pour récriminer contre le caractère piégeant du monde, sa sournoiserie, son manque de fiabilité. L'origine supposément mondaine, objective, du décalage, ouvre la voie à l'éternelle litanie des plaintes humaines.

Malgré les amertumes, les ressentiments, les enfermements, il n'en demeure pas moins vrai que l'architecture du décalage aère l'esprit en même temps qu'elle fait respirer le monde. Ses fenêtres ne s'ouvrent pas seulement pour nous sur le monde, mais avec nous dans le monde. Nous percevons, nous valorisons l'ouverture intrinsèque du monde quelle qu'en soit la discrétion, la dissimulation. Plus qu'à la fermeture c'est à l'ouverture secrète que nous associons la valeur ; au modèle du coffre-fort nous préférons celui du labyrinthe, de la porte dérobée. Même si l'un n'empêche pas l'autre, beaucoup de grandes fortunes se cachant pour prospérer, c'est toujours la part d'ouverture, la connexion avec l'extérieur – mystère des d'origines, héritage, invention, naissance d'un projet, voie de ressourcement – qui fonde le prestige et la désirabilité de la richesse. La capitalisation, l'accumulation valent moins par la masse que par le flux. Même stratifiée, rigidifiée, muséifiée, sclérosée, réservée, c'est dans la mesure où elle demeure disponible pour le don, l'échange, voire la dilapidation, que la fortune attire, captive, tout en libérant. Fortune exagérée, indécente, rustre peut-être, mais qui vit, s'ébroue, respire, qui se manifeste, s'offre aux regards, se met en danger. Fortune égoïste, centrée sur son propriétaire, mais qui ne peut que se dérégler, s'altérer, se décaler, sous l'effet de son propre poids, de sa propre dynamique – et cela sans même considérer le plaisir archaïque de la rétention-expulsion, de la compression-relâchement.

Double orientation, constitution ambivalente du décalage : autonome, indépendant de nous, mais pointant immanquablement vers nous, nous mettant en jeu. Nous sommes responsables du décalage en ce que nous en sommes les découvreurs, les détecteurs, les déterreurs ; sans nous le décalage resterait à jamais virtuel, enfoui dans les épaisseurs de la nature. Nous attirons comme un aimant le décalage, et en bons aimants-amants nous sommes dans l'incapacité de nous en détacher. A l'image d'Eros, issue de l'union entre Poros - ressource et de Pénia - pénurie, le décalage met en jeu l'absence de l'objet, la distance qui nous en sépare, en même temps que l'idée de cet objet, le désir de le posséder, sans oublier la ruse nécessaire pour se le procurer. Décalage : vide et collusion, répulsion et frottement, embrayage mécanique et mental par l'entremise duquel nous adhérons intermittemment au réel, nous nous laissons emporter dans sa rotation folle, nous entrons dans la danse expressive des éléments, nous revendiquons notre part cosmique.

*

*   *

A travers le décalage, ne visons-nous pas un monde qui en serait paradoxalement dénué ? N'aspirons-nous pas à aplatir le décalage, à le réduire à ce qu'il n'est pas ? Mais un décalage aplati, réduit, équivaut-il à une absence de décalage, ou bien en constitue-t-il une trace indélébile ? Dans notre effort pour enraciner notre existence nous nous faisons les archéologues du décalage, les limiers du micro-déplacement. Nous voudrions recenser tous ces petits riens qui sont le sel à notre existence, émuler le saupoudrage du sens, l'émiettement des signes sur la surface du monde, la distribution des ingrédients constitutifs de la croûte épaisse et rugueuse qui est le legs du Créateur. Dieu est conservateur, il met en boîte sa création, il enrobe toute chair, toute pâte, d'un bitume collant, d'une enveloppe purulente, pour que nous en percevions l'odeur, pour que nous respirions les effluves de son œuvre jusqu'à ne plus voir dans la matière environnante que pâté goûteux, fromage capiteux. Pourriture au cœur du décalage, fente profonde où macère l'image de notre moi.

C'est par la décomposition que le décalage nous est, malgré la distance et l'étrangeté qui le caractérisent, en partie consubstantiel. Nous portons la pourriture en nous, comme une mère son enfant à naître, non encore advenu à la simplicité du monde. Si la vie est une maladie mortelle contractée à la naissance, la pourriture comme destinée intervient en amont, elle anticipe notre venue au monde et imprègne toutes les impressions qui s'ensuivent. La pourriture nous est familière, non pas intime, car trop repoussante, mais connue, reconnue, sentie, expérimentée. Or elle ne peut advenir et se maintenir que dans la fente, dans le réceptacle mortifère du décalage – lui pourtant si vivant. Elle est, si l'on veut, la version pleine, saturée, grouillante, du décalage vide, ouvert, désert. Elle est la version positive, bien que paradoxalement décomposée, du décalage négatif, paradoxalement tranchant, déterminant. Chair retournée, qui en se retournant non seulement expose ses entrailles et se défait mais conserve, et même renforce, dans cette inversion, son caractère plein, charnel. Le décalage, par contraste, ne se retourne pas, ne s'inverse pas, se suffisant à soi-même, étant son propre envers ou divers, effilé, décharné. Négation "propre", limpide, qui ne saurait faillir, se décomposer.

Si distincts, si contrastés, le décalage et la pourriture s'allient pourtant, travaillant à une synthèse d'un niveau supérieur. La nature composée, synthétique, de la pourriture, passe d'un niveau zéro, primaire, jusqu'au niveau plus élevé, éthéré, sophistiqué, auquel la fait accéder le décalage, lui-même cependant si simple, si monolithique. Le décalage est le levier efficace – mais aseptisé – que nous allons chercher à la périphérie du monde, à l'extrême pointe de notre sensibilité, pour sublimer la pourriture qui sature nos sens, qui nous constitue, nous imprègne, nous enrichit mais qui, sans l'effet ascendant de ce levier, nous maintiendrait collés, englués dans la fange, la crasse. Synthèse secondaire donc, fondée sur celle, inconsciente, primitive, de la pourriture, et qui nous porte, nous hisse vers les reliefs prestigieux de la culture. Système second de la décomposition reprenant la composition première de la pourriture pour l'associer au décalage monolithique. Formation d'une synthèse mythique – pourriture décalée – comme il y a un écran mythique, un écran social. Quand le paysan regarde vers le bas, vers la richesse fermentée de la terre, quand l'ouvrier déraciné actionne le levier mécanique et inhumain de son aliénation, le bourgeois, porté par leur opportune alliance, s'élève, s'élabore, se densifie, jusqu'à atteindre le Graal, les hauteurs inégalées de la légitimité terrienne, aristocrate, dans sa version technicisée.

Ainsi la pourriture entretient-elle avec le décalage une relation riche, asymétrique, complémentaire, elle représenterait la matière informe actualisée par la forme pure, avec cette spécificité cependant que l'initiative, le passage à l'acte, viendrait d'elle, de son élan primitif pour s'élever, plutôt que de cette dernière, forme flottante, désincarnée et nonchalante – à rebours, donc, de la tradition qui voit plutôt l'activité du côté de la forme, laquelle investit une matière amorphe et passive, demeurée « en attente », « en puissance ». La pourriture englobe le décalage, elle l'enrobe puis, se laissant porter, élever par lui, le recouvre encore quand ils atteignent ensemble les niveaux de culture sophistiquée que nous tenons pour perfection. Ce n'est pas pour rien que la sagesse commune nous rappelle à nos origines, à notre nature plébéienne, nous enjoint de ne pas oublier, derrière nos plus brillants succès, la tourbe noire qui nous colle à l'arrière-train. Nous savons bien, du reste, qu'un décalage pur, détaché, ne nous mènerait nulle part ; trop désincarné, affûté, il ne saurait nous transporter sans nous blesser, sans trancher immédiatement dans le vif de notre être. Nous avons besoin d'une matière spongieuse, d'une texture distendue comme celle de la pourriture pour nous y lover, nous y vautrer. Étalement, relâchement, détente, sont un préalable au déplacement, au passage d'un territoire à l'autre. Le décalage nous emporte, à condition que nous nous décomposions, que nous acquérions la plasticité de la pourriture qui lui permettra de s'y envelopper, de s'y laisser agripper par nous. Montant à bord d'un avion, d'un train, d'un quelconque véhicule, nous ne nous asseyons pas vraiment en son intérieur, nous l'enfourchons plutôt, nous l'embrassons – on prend le train comme on se saisirait un cheval. Comme passagers nous tendons à fusionner avec notre siège, devenu métaphoriquement le siège de nos émotions – fondement pétulant à travers quoi nous expulsons, par des contractions répétées de nos viscères, l'énergie, la matière de notre ancien monde, faisant place nette pour le nouveau. Déplacement comme absorption-extorsion, cheminement « déglutatif » d'un ver de terre recrachant par-derrière ce qu'il avale par-devant. Le voyage se définit autant par la synthèse, la fusion du transporteur et du transporté, que par l'ébranlement de l'ensemble. Il organise la réunion, dans un *transport (en) commun*, de la pourriture informe mais à large spectre et du décalage incisif mais à vue étroite.

La finalité de l'action est à l'image de celle du transport : une résorption-absorption de l'ici et du maintenant au profit d'un but que l'on est censé atteindre par l'entremise d'une pure fonction. Illusion, fatale erreur, que d'envisager l'action et son cadre l'œil rivé sur l'horizon, comme s'il ne se trouvait rien de pourri, de mou, d'approximatif sur le chemin, comme si le décalage ne nous attirait pas latéralement, n'exerçait pas sur nous sa force de déviation, d'approximation. Installé au volant de ma voiture, je conduis. Devrais-je ignorer la gomme et le bitume, le contact élastique, caoutchouteux des pneus sur la route, l'inertie balancée du véhicule – bolide extraverti qu'un châssis dissimulé et soumis se charge de rigidifier et de rattacher aux lois de la cinétique ? Ne devrais-je admettre en conscience que la fonction de déplacement, la translation d'un point à un autre ? De même, quand je développe une action en vue d'une fin, devrais-je désincarner chaque geste, chaque étape intermédiaire, au nom de la préséance de ladite fin ? Ne pourrais-je pas considérer les micro-actions qui la composent comme poussées par un élan initial plutôt que tirées par la perspective d'un résultat final, comme venant ajouter chacune sa part de matérialité à une finalité posée au départ et dont elles augmenteraient au fur et à mesure l'effectivité, plutôt qu'empruntant l'une après l'autre à cette finalité, recluse dans le lointain, une part d'existence, la laissant régner au-delà de la ligne d'arrivée, tel un spectre désincarné, froid et abstrait ? Notre libre arbitre ne devrait pas se voir soumis à un finalisme ôtant toute consistance au lieu et au temps présent. Ne nous faisons pas les prophètes d'un dieu haleur, les adeptes d'une transcendance ascensionnelle.

On pourrait objecter qu'à vouloir redonner la préséance à l'ici et au maintenant, à l'actualité immédiate, à l'adhérence au réel dans l'action et au texte dans l'expression, on perd à nouveau de vue le décalage, demeuré trop extérieur, trop étranger, cantonné aux marges, aux confins de la sensibilité. Ce serait oublier que l'étrangeté du décalage est en quelque sorte familière, qu'elle s'inscrit dans le schéma de l' « inquiétante familiarité » – *unheimlichkeit* – si structurante pour notre inconscient. Le décalage, certes construit sur la tangence, la latéralité, s'inscrit cependant en nous, au milieu de nous, nous divise, nous fissure en plein cœur, nous clive. Cliver n'est pas, cependant, décomposer, démonter : nous sommes uns, univoques, dans et par notre clivage, notre décalage intime – étranger et intime à la fois.

Le décalage est donc ce qui nous articule au plus profond, en un double sens : mouvement qui nous relie aux profondeurs, mouvement qui nous (re)plie dans les profondeurs. Mouvement central, intime, articulation de nos membres visibles, étendus comme des tentacules, par le truchement de l'aine invisible, secrète, humide, (mal)odorante – pudeur du pachyderme fouettant la terre de toute la force adipeuse de ses humeurs cachées. Le décalage est animal ; il a son territoire, ses habitudes, son économie restreinte. Il jouit d'une autonomie partielle. Si nous dépendons de lui, pris dans son entièreté, lui dépend, on l'a vu, de notre regard, c'est-à-dire d'une partie de nous, d'une faculté isolée, d'une facette découpée dans notre personnalité. Comme si le miroir, pièce essentielle dans la formation de notre psyché, nous renvoyait une image scindée, divisant cela même qu'il aurait pu unifier. Le décalage, à travers le jeu de reflets qui l'exprime, fortifie notre conscience du monde mais, par sa puissance de fragmentation, empêche toute unification de notre conscience. Un esprit unifié face à un monde unifié à son image serait pris dans un effet de résonance difficilement supportable : en nous clivant le décalage nous garantit des excès d'inclusion et d'intensité auxquels nous exposerait une conscience "augmentée" que par ailleurs il rend possible ou, au moins, envisageable. Il nous suffit d'ailleurs de céder à la tentation d'outrepasser les propriétés clivantes du décalage pour voir aussitôt pointer le spectre de la folie. La prétention à l'unité est un penchant naturel qui ne cesse de s'exercer notre vie durant et dans lequel nous voyons l'horizon d'une cohérence – tranquillité d'esprit, force d'être, cohérence de la pensée, puissance de l'action – sans soupçonner la démesure qu'elle suppose – inflation incontrôlée du moi, réverbération enivrante des sensations, excès d'homogénéité intérieure, adhérence pathologique aux moindres reliefs extérieurs avec, à la clé, un risque de dépersonnalisation. La paranoïa n'est jamais très éloignée de l'unité ; elle demeure tapie dans son ombre, prête à fondre sur nous au moindre rayon de lumière qui la révélerait et la menacerait en même temps.

En quoi consiste cette impulsion, soi-disant spontanée, vers l'unité ? Quelle injonction tacite nous y pousse ? Serait-ce l'effet mécanique des évidences logiques ? Ou le fruit d'un raisonnement que nous conduirions librement ? L'unité comme effective, actuellement possédée, a-t-elle un sens ? Ne serait-elle pas le privilège des inconscients et des méchants, voire de ceux qui sont les deux à la fois, qui "sont quelqu'un", à l'image du salaud sartrien ? Il faut reconnaître qu'on ne saurait se passer de l'unité ou, à tout le moins, de son amorce : élan vers l'unité, intention d'unité. Même le schizophrène, loin de manquer à l'unité, d'y renoncer, collectionne plutôt des unités qu'il fait défiler dans sa subjectivité vide ; sa dispersion est moins spatiale que temporelle ; c'est un zappeur d'identité. Simplement, il lui manque la conscience du décalage, seule apte à préserver l'unité au sein de même de la schize, du clivage. Incapable de se diviser sans perdre l'élan vital unitaire, il en est réduit à distribuer ses variations sur la ligne du temps, tuant toute multiplicité, toute complexité. Le schizophrène déplie le réel et s'acharne encore sur les traces des plis, lesquelles doivent absolument s'effacer, céder sous la pression de son inquisition qui passe et repasse, tel le fer brûlant de la ménagère, sur l'étoffe de sa vie. On devine volontiers le schizo abhorrant l'épaisseur des tissus, les rencontres de hasard, les nuances du discours, les carrefours sans indicateurs – occasions, honnies car dangereuses, de relâchement, de dispersion, de suspension.

Tout de même, pourquoi tenons-nous tant à l'unité ou, du moins, à la figure de l'unité comme point de ralliement ? Pourquoi ne pas déléguer au décalage, apte, comme on vient de le voir, à nous maintenir dans l'orbite de l'unité à travers la schize elle-même, non seulement la gestion de ladite unité, mais sa provision, sa fondation, sa réclamation ? Le souci de l'unité disparaîtrait alors de notre conscience soulagée et serait confiée au décalage, lequel, apportant cette unité en même temps que sa revendication, livrant la solution avec le problème, en retiendrait par-devers lui les contradictions. Par cette double livraison nous serions libérés, allégés du poids de la dette « unitariste ». La masse composite, la matière spongieuse du réel que le décalage, lame mobile, pince articulée, manipulerait pour nous, viendrait remplir, ré-étayer le vide sidéral et tellement attractif du mythe, du mirage de l'unité.

De fait nous refusons de travailler en symbiose avec le décalage, nous le maintenons à distance. Notre méfiance, inaptitude ou hostilité nous interdisent de nous en faire les complices. C'est que par nature le décalage ne saurait nous être totalement connu, familier. Obligés de compter sur lui nous sentons pourtant que, lorsqu'il ne nous fait pas concurrence, il nous mâche trop le travail, nous materne excessivement, faisant écran entre nous et le monde, sous couvert de nous protéger. Le décalage est l'instrument indispensable à notre « inconscience du monde » – forme de conscience floue, latérale, flottante, vitale pour notre développement – mais par là-même il nous interdit d'entrer en prise directe avec ledit monde. Il alimente notre « sentiment océanique », si précieux, mais coupe à la racine toute possibilité d'exploration, d'appropriation du monde. Ceux qui prétendent accéder au cœur des choses, voir le monde de l'intérieur, comme par en-dessous, qui se donnent des airs de pénétration – autant dire les mystiques, les prêtres ou les imposteurs (ne sont-ce pas les mêmes ?) – font fi du décalage, soit qu'ils soient trop rustres pour en déceler la présence, soit qu'ils l'occultent sciemment pour mieux s'en approprier les vertus – manipulation cynique à laquelle se livrent tant de religieux. Chacun porte en soi son décalage, tel un bon génie, un *eudaimon* dont il est recommandé de ne jamais se séparer, un créateur efficace et complice que les institutions qu'on pourrait qualifier de coercitives ou « préemptives » (église, école, prison, caserne, usine, hôpital… liste foucaldienne des instruments de la Raison) tentent précisément de dévoyer, de détourner en leur faveur, de retourner contre nous.

*

*   *

Comme s'il s'agissait d'un bagage nous accompagnant depuis la nuit des temps, la question se pose de savoir qui, de nous ou du décalage, précède l'autre. Logiquement, naturellement, nous pourrions répondre : le décalage. Celui-ci s'apparente en effet à un grand canyon, un plissement, une faille géologique faisant obstacle au transit, à l'écoulement du sens, tout en favorisant, en provoquant d'autres sens, inattendus, contre-productifs, ou para-productifs. Or nous avons l'humilité de croire que la géologie nous précède, et de loin. Mais est-il question ici de logique, de nature ? Le décalage n'est-il pas le pur produit de notre projection, de notre regard naïf – accident formel tapi dans l'ombre de nos paupières et qui n'attend qu'un rayon de lumière pour jaillir, prendre ses aises, s'installer dans le paysage, acquérant alors une réalité dont il nous est redevable ? Nous ferions face à une géologie subjective en quelque sorte, prenant racine sous notre enveloppe consciente, dans notre magma intérieur. Un libre bagage, un boulet passe-murailles mais ancré en nous, rattaché à nous par un cordon insécable, une pointe douloureuse. Poignée, capacité préemptive du décalage, qui nous fixe, nous entrave, gèle notre personnalité. Par le décalage, nous sommes des êtres (géo)logiques.

Empoignade également, dynamique du décalage, corps à corps avec nous, qui en sommes le support, et dont il ne sort pas indemne : par nous, pour nous, le décalage manifeste sa nature psychologique, non qu'il soit doté d'une psychologie, mais il semble configuré, conçu pour interagir avec la nôtre – objet inanimé mais doté d'une certaine intelligence, étant l'équivalent en cela, mais sur un plan naturel, des objets technologiques contemporains, de ces talismans investis affectivement que sont les *smartphones*, enceintes connectées, robots de compagnie, assistants en tout genre. La grande mode, le prestige réaffirmé des arts martiaux tient peut-être à cette réalité sous-jacente : contrairement aux apparences, les deux partenaires ne s'y présentent pas sur le même plan, il existe entre eux une asymétrie fondamentale quoiqu'invisible. L'un se situe dans l'ouverture, la conscience, la présence ; l'autre dans le repli, l'inconscient, l'existence vague, diffuse. Chaque combattant se confronte non à un autre, à un alter-ego, mais à son autre, son inconscient. L'art martial repose sur l'emprise – *l'entre-prise* -, du décalant et du décalé. Si l'on tient absolument, par souci de cohérence visuelle ou narrative, à y voir l'affrontement de deux individus, alors il faut considérer chacun d'eux dans sa double instance de décalé et de décalant, de sorte que le duel s'avère quadrige : deux miroirs face à face, avec mise en abîme garantie. Psychologie non de la domination, où chacun s'efforcerait, selon une dialectique très hégélienne, d'imposer sa volonté à l'autre afin d'en être reconnu comme sujet souverain, mais de la pénétration, chacun cherchant à affirmer la préséance de sa relation à son propre décalage sur sa relation à un autrui appauvri car lui-même coupé de son décalage. Chacun des protagonistes affirme : je défends mon décalage, celui-ci passera avant toi, mon affrontement avec toi ne saurait me faire perdre le lien avec mon décalage, tu ne m'empêcheras pas de me connaître moi-même (tu m'y aideras plutôt), ni ne me forceras à t'adopter au détriment de mon décalage ; ou alors, je t'adopterai en tant que figure de mon décalage ; voire même je m'appuierai sur toi, je passerai par toi pour mieux (re)trouver mon décalage.

Ne pas nous laisser séparer de notre décalage (Deleuze lisant Nietzsche : ne pas se laisser séparer de ce qu'on peut). Paradoxe : de notre décalage nous sommes pourtant nécessairement séparés. Ajustement : l'important est la distance qui nous en sépare ; ni confusion ni perte mais accompagnement, soutien permanent, support bienveillant. Il en va avec notre décalage comme avec notre ombre, notre double : partenaires inséparables, couple uni à la vie à la mort mais dont les deux parties demeurent bien distinctes. Nous n'avons pas gardé les vaches avec notre décalage ; mais l'ensemble des vaches,

notre capacité d'absorption de la vie, est l'objet même de notre décalage : rumination, ressassement, reprise, recyclage, variations, progression par vagues successives forment notre quotidien, articulent nos
relations avec le monde, nous font établir avec lui des rapports de
conjonction, d'intervalle, de saut, d'enjambement. Le décalage est
une suite de micro-raccordements entre de petits canaux adjacents,
le flux vital sautant de l'un à l'autre, dessinant une géographie prime-
sautière, une hydrographie joyeuse qui se joue des sens de circulation,
des bassins versants, de la mécanique des fluides. En littérature, l'équivalent en serait un discours usant de métaphores, de métonymies,
multipliant les tropes à fleur de langage, croisant allègrement système
de la langue et particularisme de la parole. Un discours personnel,
spécifique à chacun dans sa relation avec son double décalé.

Si notre rapport au décalage est capable de fonder une géographie, pourquoi n'en irait-il pas de même du rapport du décalage
avec lui-même ? N'existerait-il pas une géographie non subjective du
décalage, sans trace aucune de notre intervention – une sorte de *no
man's land*, de pénéplaine paléontologique dont l'authenticité, l'abo-
rigénéité, serait maximale, dense, vibrionnante comme une vapeur de
soufre ? Le décalage a-t-il besoin de nous pour faire un monde ? On
a vu précédemment que le réceptacle de notre conscience était indispensable au décalage pour sa manifestation, son expression, sa réverbération – a fortiori son interprétation. Mais faire monde se situe
en-deçà, dans la minéralité – la littéralité – d'une expression paradoxalement non exprimée, comprimée plutôt – imprimée. Stade non
pas encore du miroir, mais de l'image mate, morne, mort-née. Ère
géologique du concassage, de la granularité. Entrechoquement d'une
infinité de cailloux poussiéreux, vacarme de leur masse grouillante,
bavardage collectif et indifférencié d'où n'émerge aucun langage arti-
culé. Notre rôle vis-à-vis du décalage se dessine alors plus clairement,
qui consiste à intégrer les micro-décalages, à recueillir et rassembler

l'infinité des disjonctions moléculaires pour les faire résonner, les porter à l'échelle molaire. Changement d'échelle que nous induisons pour, supposément, donner sens au monde mais dont nous nous retrouvons *in fine* les victimes car nous perdons en cours de route notre capacité de percevoir le décalage originel, multiple, disséminé, désormais trop subtil pour nous. Nous magnifions certes le décalage, nous l'amenons à nous, à notre échelle, obtenant qu'il devienne notre alter-ego, qu'il se rende utile – béquille pour notre subjectivité. Mais, ce faisant, nous risquons bien de nous voir écrasés, dominés par lui qui, outrepassant les droits que nous lui avions volontiers accordés, nous poursuit maintenant, ne nous lâche plus, nous encombre comme notre ombre soudain devenue trop grande.

Le théâtre d'ombres, ce grand classique de la littérature universelle, est en fait un théâtre de décalages personnifiés, incarnés. Tellement incarnés du reste qu'il ne reste plus de chair, de figure, pour les originaux que nous sommes, pour des personnages authentiques, pleinement psychologiques. Où sont passés, dans la production littéraire contemporaine, les personnages cohérents, posés, significatifs ? Ils se sont éclatés, disséminés dans le décor, dans la prolifération rhizomatique qui fait office de paysage et nous expose à la présence rampante du monde. La littérature a, tout à la fois, tué le sujet, promu le décalage et mis en exergue un monde immonde – un monde au rebut, relégué, impensé, « tiers-mondisé ». Le décalage apparaît, sous sa forme littéraire, comme un substitut du sujet, sa doublure indispensable à l'heure d'affronter les chausse-trapes de la vie en réseau, de la vie dans les marécages, les mangroves où les trois règnes, minéral, végétal et animal – et même le « quatrième règne » technologique –, se confondent au point de rencontre des eaux, de la terre et du ciel. Le sujet ne s'efface pas uniquement derrière son propre concept, derrière l'abstraction des sciences humaines, ainsi qu'a pu l'écrire Michel Foucault ; il se répand d'abord en filaments décalés, entortillés. Le décalage apparaît alors comme son avatar – zombie unifié, personnalisé, responsabilisé, quoiqu'inconsistant.

Voilà bien la légèreté contemporaine : un jeu de substitution, une monnaie-papier, mais aussi numérique, un apparat décalé renvoyant le sujet à son inutilité, à son inopérationnalité fondamentale ; une délégation-relégation, un défaussement, un pas de côté du sujet qui abandonne au décalage le rôle principal ; une déprise et une prise de relais par le décalage, investi contractuellement de la continuité visible du sujet à travers les chemins labyrinthiques de la vie. Renoncement, délégation et affichage sont les trois moments, les trois dimensions du décalage dans sa version sociale : renoncement comme effondrement sur soi (le point), délégation comme lien tissé entre soi et le décalage (la ligne), affichage, étalage du substitut de soi dans le langage (le plan). Expansion donc, mouvement de déploiement, de spatialisation du décalage : entre nous et notre décalage il n'y a pas équilibre, réciprocité, symétrie, mais aspiration, inflation, accélération.

Pour ce qui est de la vie en société on peut se demander, eu égard à ce mouvement de déploiement du sujet par et vers le décalage, mouvement par lequel il s'efface au profit de ce dernier, quel sens revêt l'ambition personnelle : prend-elle appui sur ce déploiement, aboutissant alors à une valorisation maximale du sujet décalé, à l'exploitation de son efficience sociale ou, au contraire, s'y oppose-t-elle, cherchant à préserver la place du sujet originel, sa charge d'authenticité ? Peut-être les deux options se conjuguent-elles, chacune renvoyant à une forme d'ambition spécifique, que nous pourrions qualifier rapidement de conquête des autres pour la première et de conquête de soi pour la deuxième – ce serait là, peut-être, la nuance entre *réussir dans la vie* et *réussir sa vie*. Cependant on préfèrerait, par souci d'unité, que ces deux types d'ambition se rejoignent dans une même aspiration individuelle, une seule ligne de conduite – monisme de la volonté ou, plutôt, pour reprendre la terminologie de Schopenhauer, de la « volition ». Aspiration unique qu'il convient maintenant d'aborder plus en détail et, notamment, de situer en rapport avec la relation asymétrique qu'entretient chaque individu avec son décalage.

*

*   *

Il y a entre la volition (individuelle) ou la volonté (universelle) d'une part, et le finalisme (de l'action individuelle) ou la finalité (du monde) d'autre part, une distance, un écart, mais aussi un parallélisme – lequel n'exclut pas l'asymétrie – qui sont le fait du décalage lui-même. Si dans l'action nous poursuivons volontairement une fin, nous sommes également mus par une volition qui n'a pas vocation à y être subordonnée. De même que dans nos déplacements nous ne devrions pas tenir pour négligeable le cheminement, remiser celui-ci au rang de contrainte, de nécessité, car cela reviendrait à suspendre, à détacher un segment de notre existence au nom d'un point d'arrivée, de même un objectif ne devrait jamais déterminer à lui seul le contenu d'une action. L'action a pour fondement son contenu même. Elle a intérêt à se développer pour elle-même. La moralité d'une action devrait pouvoir se fonder sur son économie propre, son contenu, plutôt que sur son résultat escompté ou même sur son principe formel (le désintéressement qui l'abstrait d'elle-même, l'impératif catégorique kantien). Le footballeur courant balle au pied vers les cages adverses ne le fait pas tant *pour* marquer un *but* que *pour* la *forme* (dont le « but » à venir, au sens footballistique, en tant que point d'aboutissement, fait partie), *pour* la sensation (de plaisir mais aussi de douleur), *pour* l'action (courir, emmener le ballon avec soi, dépasser les autres joueurs). Chaque pas est le but, la course est l'œuvre, le ballon jeté au fond des filets est la signature, le motif résumé, le prétexte ou « post-texte » d'une course – et son bénéfice surnuméraire – laquelle porte en elle-même sa fin. Dans le même sens on ne fait pas le ménage chez soi (que) pour obtenir un intérieur propre mais (aussi) pour manipuler la poussière et les détergents, pour remuer (le) ciel et (la) terre en (de) son for intérieur, pour stabiliser ou contrer l'entropie naturelle, pour se redresser sur la pente où l'on glisse inexorablement, pour rejouer la scène cent fois répétée de la correction de la nature, de l'affirmation de la culture, celle-ci se réduisît-elle à une compulsion de nettoyage, à une indécrottable névrose. Dans les actions les plus grandes, les plus rationnelles, les plus professionnelles, il faudrait maintenir vivantes nos motivations les plus secrètes, les plus inattendues, les plus microscopiques, les plus annexes : une matière, une couleur, un agencement, une résonance sont toujours présents, sous des dehors limpides, innocents, au creux de nos actes. Particularités, discrètes touches personnelles, traces de notre idiosyncrasie que nous déposons au cœur des organisations sociales, des appareils d'État ou de production, des machines de guerre, des idéologies.

S'agirait-il de n'en faire qu'à notre tête ? De compter sur les autres pour s'astreindre aux tâches rationnelles, impersonnelles, pour sacrifier leurs envies immédiates à l'intérêt général, tandis que nous laisserions libre cours à notre fantaisie, sans subir la contrainte d'aucun devoir ? Il ne s'agit pas tant d'opposer l'action spontanée à l'action contrainte que de décomposer l'action en ses plus petites parties afin de fractionner envie et contrainte jusqu'au point où seule la volition, le désir de poursuivre et d'amplifier, subsistera. Le musicien virtuose comme le banal balayeur devraient se retrouver sur une motricité commune, une énergie canalisée égrenant pour l'un des notes contingentes, pour l'autre des coups de balai erratiques. Evidemment l'intervention de la technologie, avec son rouleau compresseur finaliste, a tendance à briser cette bulle d'immédiateté : il suffit de remplacer l'instrument de musique par un synthétiseur et le balai par un souffleur pour que la libre volition soit de nouveau écrasée par le productivisme. Mais nos deux acteurs se donneront alors pour tâche nouvelle, qui les rassemblera encore, de détourner la technique, de l'améliorer, pour la rendre apprivoisable, la remettre dans le (bon) sens : travailler aux marges de ce que peut l'électronique, ramener la technologie à un artisanat, modifier, adapter la technique pour la rendre moins exubérante, moins bruyante, remplaçant par exemple le clavier par un périphérique sensoriel, le moteur thermique par un moteur électrique. Les notes jaillissant d'algorithmes détournés, les feuilles dansant un ballet sous l'effet d'un souffle d'électrons, ne seraient-ils pas les formes renouvelées d'une action « heureuse » ?

Mais tout de même, la productivité contrôlée, le management sur objectifs, la quantification et le *reporting*, ne condamnent-ils pas le travailleur à la condition absurde d'un Sisyphe, quels que soient la beauté de l'outil, l'élégance du geste ? Si le balayeur a trop de rues à nettoyer, le musicien trop de concerts à donner, pas dans l'absolu, mais par unité de temps, alors le temps lui-même devient un obstacle, se dresse sur le chemin de la réalisation de soi, soulève le réel contre l'imaginaire. Surrection du temps qui annihile l'espace, aplanissant les reliefs, ratiboisant les sommets, comblant les ravines. Le décalage, même dans le *flash-back*, la réminiscence, la mémoire involontaire, est toujours d'abord spatial. Il y a une géographie du décalage avant d'y en avoir une histoire. Or la productivité est fonction du temps, elle ne calcule que par lui. Mais le temps sans décalage, sans espace, le temps pur, est un fil délétère, douloureux, un filet désincarné, un poison distillé qui nous étouffe, nous enserre. Angoisse, étreinte, enchaînement de notre cœur battant par un Chronos brillant, chronophage justement, anthropophage, autophage, qui ne relâche sa prise qu'une fois nos battements cardiaques bien alignés, soumis aux oscillations inflexibles de son métronome – littéralement *synchronisés*. Nous nous retrouvons alors comme mécanisés, robotisés, identifiés, superposés à nous-mêmes, sans l'ombre d'un déphasage – pâles figures sans épaisseur.

Plus d'ombre, plus de projection. Paradoxalement, la latéralité du décalage est ce qui nous permet de nous projeter, en avant comme en arrière. Sa présence complice, déstabilisante parfois, bienveillante toujours, pleine de considération envers nous, sa capacité à maintenir un certain parallélisme malgré sa marginalité, sa franchise non démentie par ses dissimulations, ouvrent comme un couloir, un défilé où nous aimons à cheminer, glisser, progresser ou régresser, en toutes circonstances guidés, rassurés par les reliefs qui bornent à la fois notre vision et notre déplacement – tant il est vrai que la liberté de mouvement consiste moins en une capacité à avancer vers un but, atteindre une destination, qu'à avancer sans but mais accompagnés par un relief déterminant, sorte de radioguidage autorisant l'errance en ce qu'il lui donne un sens, une référence. Le décalage nous accompagne virtuellement comme une ombre, mais qui aurait une épaisseur. Il absorbe nos écarts, résorbe nos défaillances, non point dans la proximité, à la manière d'un agent palliatif, d'un professionnel du soin, mais dans la distance, presque dans l'indifférence. C'est qu'il flotte, se manifeste à d'autres que nous ; il n'est pas dans l'exclusivité du service. Il est transindividuel : par sa virtualité il nous relie aux autres. Etre guidé par lui, c'est être guidé par les autres, par la présence flottante d'autrui en nous – un autrui collectif ou individuel, étranger ou intime, proche ou éloigné, mort ou vivant. Une présence qui nous accompagne et nous inspire continûment jusqu'au fond brouillé de notre conscience. Notre existence repose sur cette relation latérale à nos semblables davantage que sur nous-mêmes comme entité isolée.

Dans cet environnement captivant dont les reliefs inspirent la liberté comme les vastes déserts américains, du fond de ces défilés où la mort peut surgir non du bout de la route mais par des accotements rehaussés que dévalent des hordes de peaux-rouges, la question se pose à nouveau de notre devoir. Obligation nous est-elle faite d'avancer, d'atteindre coûte que coûte notre destination, ou bien invitation nous est-elle faite de nous arrêter, de nous tourner sur le côté pour envisager, dévisager, accueillir les barbares qui nous font cortège, progressant sur un chemin parallèle au nôtre et en surgissant brusquement, à la manière dont, en notre for intérieur, des pensées connexes, sauvages, vagabondes émergent soudain au beau milieu de notre ratiocination tranquille ? Le but se situe-t-il vraiment devant nous, et nos origines derrière nous, ou bien but et origine se confondent-ils en une seule et longue ligne de crête délimitant notre panorama, nous séparant de l'envers du décor ? Notre avancée s'apparente à une épopée, portée par son propre récit, entraînée par une ritournelle entêtante qui se superpose à la marche, et la motive.

La question se pose, à ce stade et dans ce décor grandiose, de savoir si notre confrontation avec le décalage, notre « coexistence pacifique » avec cet alter-ego, ce frère ennemi, suffit à faire de nous des aventuriers. Notre vie, courant entre deux lignes de crête, surfant sur un temps qui se dérobe, soulevant en nuages tourbillonnants une poussière d'ignorance, d'illusions, d'idées reçues, notre vie, dont le terme, l'arrêt subit se trouve moins au bout de la route qu'au détour d'un virage, au creux d'un fossé, sur des nappes d'asphalte fondue ou d'huile répandue, pièges fatals pour bolides trop pressés, trop optimistes, trop conquérants, notre vie, qui semble assurément s'épanouir dans la prise de risque, s'intensifier à l'occasion de nos expéditions lointaines, de nos sorties hors de notre zone de confort – projections sans retour dans un univers fantastique qui nous renvoient l'image de ce que nous ne sommes pas, de ce qui nous menace, à savoir, précisément, de notre décalage –, cette vie, donc, mérite-t-elle vraiment le qualificatif d'aventureuse ? Aventure : mot magique qui autorise chacun à suivre son propre chemin tout en se faisant accepter par les autres. Aventure : terme prestigieux aux yeux de la société contemporaine, passe-partout ouvrant à chacun les portes de la respectabilité, depuis l'artiste bohème jusqu'au grand ponte du business ou de la politique, en passant par le sportif de l'extrême, le créateur, le révolutionnaire. De ces différents profils les images « décalées » tendent à se ressembler et jouent pour eux, par cet apparentement même, un rôle d'intégrateur social, non sans alimenter au passage l'illusion que chacun est unique, inimitable.

Le décalage est comme un miroir de voyage, un petit miroir pour nécessaire de toilette qui sert à nous rassurer sur notre identité, notre unicité, chaque fois que les péripéties, les rencontres, les idées noires nous font douter de notre consistance. Mais comment notre propre image pourrait-elle conforter ce dont elle ne serait que le reflet ? Si elle y parvient c'est qu'elle nous renvoie non pas un calque de ce que nous sommes mais une interprétation, une déformation, une transfiguration, une sublimation. Un discours, un regard étranger sur nous-mêmes, une distanciation, voire une méfiance. Comme on dit, ne nous fions pas aux miroirs, qui en savent si long sur nous. Néanmoins, et à la différence des webcams, s'il arrive aux miroirs de nous juger d'après notre apparence, ils ne nous situent pas, ne nous catégorisent pas, indifférents à notre logique interne. En eux point de programme, rien que la platitude du réel, dénuée de toute projection. Si simple, si lisse, si neutre, le miroir est pourtant habité, habillé, équipé d'un angle, d'un point de vue. C'est une face plate, oui, mais une face cachée de nous-mêmes, qu'il nous révèle au passage – passage du, ou par, le miroir – stade du miroir – et cette platitude, cette banalité, par sa finesse laminaire, pénètre profondément en nous, nous divise, nous clive. Jeu de miroir, de déconstruction, de fragmentation. Le miroir est *un* mais l'effet de décalage qu'il porte, univoque dans son sens, s'avère pluriel dans ses conséquences : nous nous y retrouvons à plusieurs bien que notre décalage soit unique et, même, à cause de cela. Univocité du décalage, plurivocité du sujet. Le miroir nous assomme, nous abrutit de son discours monotone, monocorde, mais en même temps il nous divertit, il nous conduit loin d'un quotidien par trop soporifique. Il nous enjoint : « regarde à quoi tu ressembles, exprime ce que tu crois être, considère ce que je peux te faire devenir, observe ton désir s'échapper de toi, vois comme il est simple de se (re) connaître pour peu qu'on renonce à la conquête, à l'extraversion ». Le décalage nous ouvre les portes du renoncement. Ne plus viser de but, ne plus regarder devant, tendus vers un horizon qui s'éloigne. Scruter les bas-côtés, surveiller non ses arrières mais ses marges, comme pris dans un labyrinthe de fête foraine, un kaléidoscope pour enfant, un jeu d'illusions. Miroir-décalage, levier de l'un vers le multiple, combinaison magique dont la puissance nous emporte si loin, si avant, que la nostalgie, le regret de ce que nous avons perdu ne pèse plus. Dans le puits sans fond du décalage nous découvrons les joies de l'oubli – jusqu'à l'oubli du regret, oubli de l'oubli lui-même.

*
*   *

L'oubli intervient toujours sur fond de trop-plein ; il répond à une nécessité de réduction, de digestion d'un excès de données, laquelle, emportée dans son élan, va simplement trop loin. L'oubli est la marque d'une volonté, non pas de néant, mais de maîtrise, de réduction du divers. Volonté qui s'outrepasse par défaut de contrôle, aboutissant certes au néant mais sans que ce résultat soit recherché. Glissade, chute, écart involontaire d'un désir de transparence, de limpidité, qu'affolent les sollicitations trop appuyées du divers – la puissance ensorcelante du divertissement – mais aussi les charmes vertigineux de l'inconsistance, du vide. Tel est le procès de l'oubli – oubli généralisé du monde, des autres, de soi – où nous engage le décalage. Comme si, cherchant à saisir fermement le bouquet hirsute de nos sensations, nous le serrions si fort dans notre main qu'il se décomposât en une fine poussière glissant entre nos doigts et que nous nous retrouvâmes seuls face à nous-mêmes, libres mais désœuvrés, plongés dans l'angoisse de notre conscience évidée. Sacré décalage qui, sous des dehors anodins, voire enjoués, nous envoie valdinguer, nous jette dans un trouble dont il nous convainc en même temps n'être dû qu'à nous-mêmes – sorte de culbute à double niveau où le pouvoir de séduction du monde, qui nous submerge, se voit paradoxalement renforcé par notre tentative de maîtrise, de subordination, d'instrumentalisation de ladite séduction. Tout se passe comme si le décalage, excitant, par un jeu de contraste entre sa cohérence propre et la multiplicité désordonnée de notre expérience, notre désir particulier d'unité, nous précipitait dans une logique réductionniste, rationalisante, impossible à tempérer une fois amorcée, comme s'il nous propulsait jusqu'au point de non-retour où, devenus plus simples que lui, plus primitifs que notre image mentale, que l'image de notre pensée, nous nous retrouverions dans l'impossibilité de sortir de nous-mêmes, empêchés désormais, par une sorte de phénomène d'invagination corporelle et mentale, d'utiliser le reflet, l'interprétation extérieure de notre personne pour comprendre notre insertion mondaine, lui donner un sens – c'est-à-dire isoler un certain sens –, attendu que cette image de nous-mêmes aurait perdu sa position de simplicité relative, de recours unitaire, devenant ainsi inutilisable, car trop compliquée pour nous – une source d'hébétude plus que d'inspiration.

Renversement de situation, inversion d'un rapport, au terme desquels nous serions devenus plus simples, plus monolithiques que notre image, celle-ci apparaissant alors comme décalée à un degré second. Société productiviste, gouvernée par une raison instrumentale, entravant les jeux de miroirs, désamorçant les forces interprétatives, censurant les lectures symboliques. Société sans décalage primaire, ayant repoussé le décalage dans les marges, ayant décalé le décalage. Quand les bourgeois considèrent qu'il faut s'être dopé pour philosopher ou, moins prestigieusement, poétiser, quand ils voient la complexité comme une chose extravagante, ils ont à la fois tort en ce qu'ils associent ces pratiques à un exotisme illégitime, un décalage improductif, et raison en ce qu'ils sentent bien que cette complexité se saurait laisser intacte notre personne, qu'elle altère immanquablement notre caractère originellement sain, entier. Le décalage, la marginalité, même considérés sous la symbolique du dopage, de l'artifice, nous contaminent, se déchargent sur nous de leur complexion profonde. Dans les deux cas le bourgeois, figure de la société rationnelle, projette sur le décalage une complexité dont il n'aurait pas dû se départir, se rabaisse lui-même en adoptant la position d'un sujet simplifié, réduit, et qui dépendrait du décalage pour la dimension créative, imaginative, de la vie, dimension à laquelle il refuse personnellement de s'ouvrir, au nom de ses responsabilités. La figure du bourgeois – y compris celui qui sommeille en chacun de nous – est l'avatar d'une lutte, d'une compétition délétère entre l'individu et son décalage, se jouant à qui paraîtra le moins complexe, le moins torturé, compétition remportée par l'individu mais à l'issue de laquelle celui-ci se retrouve exsangue, dévalorisé, démonétisé, zombifié. Le spectre du décalage finit toujours par nous écraser, par nous réduire, telle une tête Jivaro, à un point de mire, à une figure éloignée dudit décalage, que nous aurons au passage sublimé en astre rayonnant, éblouissant.

Là réside le danger, le point limite de notre commerce avec le décalage : à force de le côtoyer nous gagnons en compréhension, en entendement, mais nous perdons en vision, en sensibilité, en bon sens. Le décalage fait mine de s'emparer de nos sensations, de notre perception. Percepteur lui-même, sensible, il tend à préempter nos richesses. Véritable autorité fiscale, son appétit est insatiable quand il s'agit de détourner notre lecture du monde, de capter les bénéfices de notre travail. En outre, comme tout délinquant un peu retors, il incline à redoubler son forfait d'une escroquerie morale quand il prétend revêtir les habits de la vertu, de la pureté. En effet, non content de nous ravir notre richesse, il voudrait s'en attribuer la légitimité, s'en faire passer pour la source, l'origine, poussant la supercherie jusqu'à jouer par la suite, le mal étant fait, les grands seigneurs, à faire montre de générosité, de sollicitude envers nous alors qu'il ne se propose que de nous restituer une (infime) partie de ce dont il nous aura spoliés.

Usurier implacable, infâme capitaliste : le décalage prête le flanc à une critique marxiste, lui qui n'a de cesse de préempter la part la plus précieuse de notre expérience, de s'intercaler entre nous et le monde, de soutirer de notre enrichissement personnel une plus-value qu'il va accumulant sans fin. Par le truchement de la langue, dont il maîtrise parfaitement les codes et qu'il fait circuler sans relâche comme le capitaliste la monnaie, il nous manipule, répandant une idéologie mortifère qui attribue aux mots l'origine de la valeur, passant par pertes et profits tout notre travail d'élaboration, de sophistication de l'expression. En bons prolétaires du langage nous aliénons notre sensibilité aux catégories du décalage, lui abandonnant l'initiative de donner un sens aux mots, voire même de décréter que leur sens serait caché, hors de notre portée. Aliénation dès lors camouflée, dissimulée, transfigurée sous les traits du langage sacré : prestige de la poésie, de l'ésotérisme, de la polysémie, des énigmes, qui par leur éclat nous font oublier la véritable source de la richesse sémantique – nous-mêmes – et son détournement au profit exclusif du décalage.

Ainsi le décalage peut-il faire l'objet d'une critique, être déconstruit par les philosophies du soupçon. Mais nous ne sommes plus au dix-neuvième siècle et une critique générale, radicale, balayant des champs d'étude clairement identifiés et objectivés – la morale pour Nietzsche, l'économie pour Marx, la conscience pour Freud – n'est plus possible : le décalage, c'est nous, sa critique nous revient en

boomerang, plus nous la développons, plus nous y prêtons le flanc...
Là réside la difficulté soulevée par le décalage, par son emprise : en le
critiquant, en le dénonçant, c'est nous-mêmes que nous attaquons. Tel
un miroir neutre, glacé, intraitable, le décalage nous rend coup pour
coup. C'est quelque part justice, et justesse : mettre à jour nos défauts
est une bonne façon de nous obliger à nous connaître – une façon il
est vrai cruelle, inflexible, inhumaine. Le décalage nous aliène, nous
dérobe notre vérité, s'empare de notre individualité ; il nous dissout
dans le grand tout, nous soumet à la logique impersonnelle de l'existence. Mais ce vol, ce rapt, n'est-ce pas nous qui l'orchestrons ? Cette
valeur soustraite, n'est-ce pas nous qui la mettons délibérément sur le
compte du décalage, comme des agents de change qui, pour pouvoir
prêter, ont besoin tout d'abord d'emprunter ? Nous préférons devoir
au décalage plutôt qu'à nous-mêmes, nous y avons *intérêt*. Le décalage fixe les bornes, les limites à l'intérieur desquelles peut courir
notre ligne de crédit. Entre autorisation de découvert et incitation au
gain se faufile le chemin étroit où nous progressons ; entre le plus et le
moins oscille et croît notre confiance, notre désir magnétique, notre
vie amoureuse. Ainsi va notre vie même : nous en suivons le tracé
accidenté, sautant d'un appui à l'autre, veillant à éviter les obstacles
disposés sur notre route et, bientôt parvenus au terme du parcours,
nous nous étonnons de n'avoir pas vu le temps passer.

Nous négocions sans relâche avec le décalage. Celui-ci ne nous
laisse littéralement aucun loisir (*neg-otium*), aucun répit. Il a beau
être notre créature, il nous dépasse, nous écrase, nous obsède. Il est à
l'origine de nos névroses. S'enfermer dans le réel, en enduire la surface
de nos sécrétions intimes, telle l'araignée emmaillotant sa proie pour
la faire sienne, pour la fondre dans son corps propre, au risque de
lui ôter sa saveur ; faire disparaître les objets sous une épaisse couche
symbolique, les convertir en éléments d'un rébus personnel, en
supports pour nos petits rituels ; transfigurer, transmuer le réel, mais

vers le bas, et pour des motifs inavouables ; ne voir dans les choses que des récipients pour notre inconscient, des réserves à refoulement. Tout cela est rendu possible, provoqué même, par le décalage, du fait de sa proximité d'influence avec notre âme, de sa position tangente par rapport à elle, qu'il effleure sans la pénétrer, qu'il inquiète sans la satisfaire. Hymen non consommé, coït interrompu, accouplement fantasmatique : notre histoire avec le décalage ne serait que frustration, désillusion. Toujours nous penserions à lui, jamais nous ne le posséderions, lui qui nous fuit comme l'horizon recule, qui, avec son corps aguicheur mais intouchable, se colle à nous, nous « allume », nous tracasse, nous hante, nous poursuit et nous devance, faisant mine de tout savoir sur nous, comme s'il nous avait engendrés. Nous serions son jouet, sa chose. Simples marionnettes, zombies au cerveau préempté par le sien qui nous aurait conçus pour son confort, son plaisir.

Au décalage nous n'arrachons, en guise de loisir, que de momentanés répits. Une distribution d'intervalles au sein même du décalage : voilà l'espace où se déploie notre liberté. Intervalles, segments certes restreints mais qui, par leurs limites incertaines, troubles, dédoublées, par leurs étendues qui se déplacent, se chevauchent, nous accordent tout de même l'illusion d'un libre arbitre. Comme dans le soufflet qui assure la jonction entre les voitures d'un train – seuil, vestibule malléable articulant deux espaces identiques et réunis dans un même mouvement, à quelques variations près –, dans chaque intervalle du décalage s'impose un référentiel relatif à ce qui lui est contigu, à ce qui le borde, et le déborde. Un référentiel orienté non pas du centre vers la périphérie mais, par une sorte de logique coloniale inversée, de la périphérie vers le centre. Comme si nous mesurions les distances non pas à partir du centre mais des marges : coordonnées nous situant relativement aux confins, évaluation de notre position eu égard aux limites, indéfinies par construction, de l'univers. L'accès à l'infini se ferait moins, dès lors, par les extrêmes que par le centre, lieu traditionnel du point de référence, du point zéro (par opposition aux outrances populistes, aux positions radicales, certains politiques se revendiquent aujourd'hui de l'« extrême centre »). Infini résultant non plus de la division par zéro, du positionnement du zéro comme dénominateur, mais rattaché au zéro lui-même, attribut de ce zéro qui n'aurait pas besoin de se dissimuler sous la barre de fraction, dans les souterrains de la conscience, pour produire ses effets de réverbération, de tremblement, pour émettre, à l'infini justement, ses ondes. Intervalles, segments que la force d'attraction du décalage incurve, plie et replie sur eux-mêmes, faisant d'eux les complexes d'un centre excentré, extrudé, porteur de zéros en puissance. Espaces de liberté dans l'exacte mesure où se reflètent en leur intérieur les disjonctions, les dislocations survenant à l'extérieur, dans le lointain, et demeurant inaccessibles, sauf en pensée. Comme des bulles d'air prisonnières de la banquise, dont elles subissent les déchirements, les mouvements aberrants, nous sommes plongés dans un milieu indifférent sinon hostile, nous vivons de concepts capturés dans de vastes plaines et que nous ramenons dans notre antre, à l'abri de la débâcle, pour les y cuisiner puis consommer. Notre construction personnelle, parce qu'elle s'effectue en référence au décalage, a tendance à se défaire spontanément ; à la moindre sollicitation nous nous décomposons en éléments premiers retournant, sitôt libérés, à leur source, à ce décalage dont ils procèdent. Tout mouvement nous déconstruit puisque son principe ne repose pas en nous mais dans un décalage promu au rang de « moteur immobile ». Chacun de nos pas résonne comme la confirmation d'une dépendance, d'une dette envers une instance extérieure et qui nous précède, nous aspire, nous motive à exister mais nous maintient trop souvent dans une forme de servitude, de soumission à travers laquelle notre instinct vital s'efforce coûte que coûte de trouver sa voie.

*

*   *

Trouver cette voie, de fait, mobilise principalement notre sens visuel, lequel possède, étonnamment, la latéralité de l'ouïe. Nous pourrions vivre avec des œillères qui seraient non pas latérales mais frontales, qui ne nous laisseraient voir que par les côtés, sans que nos yeux fussent nécessairement placés en opposition comme ceux des oiseaux, car ce serait là encore une frontalité, bien que divergente ou de spectre large. Ces œillères occultant nos pupilles dans leur partie centrale, nous nous concentrerions, si l'on peut dire, sur les marges de notre champ visuel, sur une perspective qui s'étirerait à droite et à gauche comme deux grands murs bordant notre chemin. Doté de cette latéralité exclusive, notre regard percevrait essentiellement les réverbérations, les résonances, non pas sonores, mais visuelles, conceptuelles, de quoi est constituée la réalité pour nous. Or chaque onde, chaque réverbération nous parvient naturellement avec un décalage, un déphasage, un potentiel de déconnexion, une tendance à dévier. Diffraction de l'onde s'immisçant dans notre cerveau étroit, effraction des idées qui nous pénètrent largement, sans égard pour notre subjectivité, pour les limites claires dont nous aimerions l'entourer. Notre enveloppe narcissique est sollicitée, à la fois valorisée et détournée, réquisitionnée pour d'autres tâches que la sienne propre, à savoir vibrer, résonner, alerter, tel le serpent auquel sa peau transmet des vibrations l'avertissant d'une présence proche. Toute alerte nouvelle s'installe immédiatement dans notre esprit comme ayant été anticipée en ce que reconnue, associée à une onde, à une pensée déjà survenue, élaborée. Un tel dispositif autorise une quasi-rétroactivité, une rapidité de réaction fondée moins sur l'immédiateté de la réponse que sur une capacité de compenser le décalage, le retard à l'allumage, moyennant l'inclusion de l'événement générateur, sa reprise dans un signal ondulatoire toujours déjà initié, ouvert, actif (actif-passif). Ainsi pensons-nous, considérons-nous le réel : par vagues intrusives, par envahissements successifs, sitôt surgis, sitôt évacués ou réinterprétés.

Pensées toujours déjà élaborées, données toujours déjà interprétées, signaux toujours déjà reçus. Reclassement du neuf comme vieux, incorporation de ce qui n'existe pas encore, anticipation des surprises. Nos sens ne cessent de rechercher, détecter ce qui n'est pas encore ou n'est déjà plus. Quant aux signes du présent, aux manifestations de l'instant, nous les manquons systématiquement, consciencieusement. Ratage, défaillance de la perception, aveuglement du regard devant le trou noir du présent. Le spontané n'a pas de sens, la sensibilité ne peut être que programmée, exécutante. Mettons-nous à l'écoute de nos sens : que percevons-nous ? Du passé, de l'à-venir, mais rien d'instantané. Nous nous retournons trop tard, nous nous tournons trop tôt, vers nos objets d'attention – nous nous en détournons. Décalage natif faisant de toute observation, de toute considération, le motif d'une surprise. *Sur-prise* : prise excessive, débordement du flux entrant, de l'*input*, inondant notre boite noire, saturant nos récepteurs, épuisant nos processeurs, obstruant les vides, les interstices qui nous permettraient de respirer, de laisser vivre nos idées. Privation d'oxygène, de liberté, mouvement contraint de la réflexion aboutissant à une réponse exagérée, une sensibilité à fleur de peau, une susceptibilité maladive. Sensibilité exacerbée, hystérique. *Output* erratique, surréaction, déresponsabilisation voire dépersonnalisation. Les micro-déphasages de notre sensibilité conduisent, à force d'accumulation, au grand déphasage de la folie. A ce titre nous sommes tous un peu fous, un peu trop « à l'ouest ». Vers le couchant en effet nous inclinons, en proie au décalage, évoluant en déséquilibre dynamique tel un marcheur qui, face au soleil rougeoyant, actionnerait alternativement ses jambes, sans pour autant tomber, et ferait de chaque pas, en quelque sorte, une chute reportée l'amenant à progresser comme de surcroît. Ainsi la distance parcourue, l'espace traversé, ne matérialisent que le lieu de notre non-chute, de notre maintien précaire. Paradoxe d'une progression – individuelle, civilisationnelle – qui ne serait que le produit dérivé d'un effort de permanence, le cadre mobile d'une conservation. Sitôt que nous bougeons, que nous nous déplaçons – et dieu sait que la modernité a développé à l'extrême les moyens de notre mobilité – nous n'avons en fait qu'une obsession : nous conserver, demeurer nous-mêmes. Tandis que nous resplendissons du prestige de la vitesse, que nous chevauchons fièrement l'attelage du progrès, revendiquant l'appartenance à notre époque, nous freinons des quatre fers, sans nous en rendre compte, craignant pour notre intégrité, notre permanence. Angoisse diffuse de la foule propulsée dans les tuyauteries de la modernité, que la volonté partagée de faire système a pour fonction de conjurer, faisant disparaître l'instabilité concrète du déplacement sous la stabilité abstraite des flux. Quand la cartographie, la schématisation se portent au secours de pauvres hères pris dans le courant d'une existence liquéfiée...

De même que, marchant en direction d'une source de lumière, arrivant à son niveau puis nous en éloignant, notre ombre portée, d'abord située derrière nous, accélère, nous rattrape et, dans un mouvement vaguement elliptique, se précipite devant nous, de même nous ne sommes jamais sûrs, animaux suréquipés férus de déplacement, que notre décalage attitré ne circulera pas plus vite que nous, qu'il ne prendra pas l'avantage sur nous dans la grande compétition des kilomètres parcourus, de ces territoires que l'on zappe comme de vulgaires programmes télévisés. Plus moderne que nous, notre décalage s'avère, précisément, moins « décalé », plus malin, plus mécanique. Apparemment moins intelligent, simple suiveur, pas créatif pour deux sous (on dirait d'une intelligence artificielle !), il nous coiffe cependant au poteau, telle la tortue de la fable terminant la course loin devant le lièvre, lequel, trop sûr de ses capacités de rebond, de son potentiel tactique, ne s'aperçoit pas que son ombre, son image projetée, son décalage, s'appuient en réalité sur lui, l'utilisent comme pivot pour le dépasser, captent la lumière qui lui était promise, lui volent la vedette sans plus de considération, le refoulant dans l'opacité du non-dit, le marasme de l'inexprimable.

Nous ne résistons pas, en fin de compte, à la tentation de psychologiser notre relation au décalage, croyant discerner une intention maligne là où ne jouent que le hasard et la logique. Nous développons envers lui un ressentiment que rien ne saurait plus effacer, nous nous considérons victimes de la connaissance fine qu'il a de nous, nous découvrons l'hostilité d'éléments situés en nous, nous apprenons à nous défier de nos propres composantes. Nous nous divisons, nous craignons la trahison, nous devenons méfiants. Nous nous gouvernons avec une autorité sèche dont nous attendons qu'elle brise toute opposition intérieure, qu'elle prévienne toute tolérance envers le décalage. Et, comme tout bon despote, nous appréhendons l'attentat, le coup d'état, l'irruption du décalage partant à l'assaut de notre pouvoir, de notre *empowerment*, tel un diable sorti de sa boite expressément pour nous confondre. Autocrates endurcis, enferrés dans notre règlement intérieur, nous terminons malgré tout profondément déréglés, cibles d'un décalage qu'au contraire nous croyions cibler nous-mêmes – victimes de notre victime putative en quelque sorte. Nous ne pouvons plus nous fier à rien, nous craignons maintenant l'empoisonnement, le coup de poignard dans le dos. Nous n'osons plus manger ni boire, nous écartons nos amis, nous ne sortons plus. Devenus étonnamment immobiles, plus du tout modernes, nous réussissons l'exploit de transférer notre pouvoir, de déléguer notre vie même à ce décalage que nous prétendions circonscrire mais que la crainte qu'il nous inspire lui aura permis de prendre sur nous l'ascendant. Nous connaissons là notre plus grande défaite, certes, mais non irrémédiable à ce stade, puisque ce n'est qu'à notre double, à notre propre image, sorte de représentant certes non choisi mais tout à fait légitime, que nous nous trouvons soumis. Nous nous dissimulons derrière notre décalage, nous nous dégageons sur lui de toute responsabilité. Parvenus à un tel niveau d'aliénation nous n'avons pas totalement renoncé à trouver le moyen, fût-ce par le truchement d'un montage très politique, de (re)devenir nous-mêmes.

* *
*

* * *

Chapitre 5

Élargissement du décalage, vers un homme-monde

Parvenir à une forme d'épanouissement malgré un décalage qui nous aliène, tel est le défi à relever. Comme si nous cherchions notre voie dans un labyrinthe sans entrée ni sortie où, par conséquent, aucun chemin ne ferait sens, hormis peut-être la conscience de la quête. Que chercher dans ces conditions ? Et pourquoi même chercher ? Quand l'animal se déplace il ne cherche rien, ni le repos, ni ses congénères, ni même sa pitance ou sa progéniture : il prend prétexte de sa recherche pour parcourir son territoire, duquel il n'aspire pas à sortir. En arpentant ledit territoire il s'y enfonce, y creuse des sillons qui seront sont salut et sa tombe. Le corps n'est pas un tombeau pour l'âme, c'est le territoire qui en est un, pour l'âme et pour le corps, un tombeau où l'on ne repose pas mais au contraire que l'on parcourt sans répit, comme un lion arpentant incessamment sa cage, une cage où il serait né, où il ne serait donc jamais entré, n'ayant pas même alors l'idée d'en sortir. « Condition naturelle » : oxymore d'une culture devenue seconde nature, enfermement mental, pensée qui ne pense pas à s'échapper, qui ne pense qu'à penser, opération d'un rester-sur-place. Pensée de soi qui n'est pas ici, comme chez Aristote, le privilège d'un dieu sur son Olympe, mais la triste condition d'un être dépendant, partiel et partial. Dans le monde clos de notre intériorité les seuls repères qui nous soient donnés sans distorsion, les seules valeurs auxquelles nous pouvons adhérer sans interférence, le seul cadre qui s'offre à nous en toute transparence et correspondance, ce sont, précisément, nos partis-pris. De cette cage qui nous retient prisonniers nous privilégions certains des barreaux : les ayant choisis, sélectionnés plus ou moins consciemment, nous en faisons les axes structurants d'une construction qui n'a, de fait, rien de périphérique. Nous nous accrochons à ces barreaux comme aux authentiques racines d'une histoire personnelle, non décalée, dans le but de nous recentrer, de ramener à nous un maximum de décalages, y compris ceux qui ne nous appartiennent pas, ne nous concernent pas. Sauvages ou domestiqués, rebelles ou dociles, nous sommes des animaux géo(re)centrés – des *géographes* experts, des graphomanes de la Terre.

Géographie de l'imaginaire, réflexion qui fatalement porte « sur soi ». Faisant le tri de ce qui nous convient ou pas, nous nous endormons dans la distance qui nous sépare de nous-mêmes, en une sorte d'auto-hypnose qui est bien plutôt une hétéro-hypnose. Comment décider de ce qui est bon pour nous ? L'inconvénient d'une « bonne » décision est qu'elle risque, du fait, précisément, de sa justesse, de réduire le décalage si nécessaire à la vie, de nous faire adhérer trop exactement, trop hystériquement, au réel. L'appréhension qui précède la prise de décision vient de la propension de cette dernière à favoriser le *moi* au dépend du *soi*, à empêcher le dédoublement salutaire de nous à nous-mêmes. Décider c'est, en effet, couper, trancher, tomber, mourir, mais c'est, avant cela, s'enfoncer, creuser – sa tombe ou son sillon, selon que l'on adopte un point de vue statique et fataliste ou dynamique et vitaliste, ce qui du reste ne change pas grand-chose. Décider, pourtant, c'est bel et bien vivre, puisque c'est sortir de soi, remiser son petit ego, libérer la sensation, se livrer au souffle puissant et bienfaisant qui nous vient du monde. L'entrée en scène d'une instance perturbatrice, l'instauration d'un principe de décalage sont des événements nécessaires, dussent-ils nous troubler, nous inquiéter, nous épuiser, nous pousser à la faute, développer notre culpabilité, générer la frustration de ne pas percevoir le monde « en direct », la lassitude de devoir toujours en passer par des filtres, des intermédiaires, des interprètes. Vie déroulée derrière des vitres opalescentes, suspendue aux rideaux obstruant les fenêtres. Point de vue renversant, cependant grotesque et stérile, de la chauve-souris : comme celle-ci nous prenons notre envol à l'envers ; nous ne nous positionnons à la pointe de l'intelligence et du progrès, à bord de nos aéronefs dernier cri, qu'en exhibant notre caractère préhistorique, notre corps membraneux. Notre rêve serait de traverser les nuées, les formations azuréennes, les cristallisations fractales, sans battre des ailes, juste en planant, en glissant, en faisant jouer les décalages naturels, visibles, atmosphériques, lesquels, à force de se superposer, de s'articuler, de s'ajuster entre eux et de s'élargir, feraient système, un système indépendant, ouvert sur l'infini quitte à se refermer sur nous. Nous sommes prêts à nous sacrifier, nous assumons notre rang de volatile le plus laid de la Création. Notre retard congénital, notre côté *survivor* dans un monde futuriste, notre *look* antédiluvien dans une société jeuniste, sont des armes destinées à conjurer le décalage, à le cantonner à son territoire d'origine, là où, ne se décalant qu'avec lui-même, se démultipliant, il constitue un monde par le seul jeu de ses intersections – kaléidoscope offert à notre contemplation mais maintenu à bonne distance de notre œil.

Réussir consiste ainsi à stimuler le décalage, à le faire grandir et mûrir comme notre rejeton, jusqu'à ce qu'il nous « lâche », attiré par les vastes étendues où nous ne sommes pas, où il sera sûr de ne pas nous retrouver. Notre vie s'accomplit dans le souvenir du décalage, un souvenir plus évanescent encore qu'une image – souvenir ou anticipation, anticipation d'un souvenir-à-venir, souvenir d'une anticipation-toujours-déjà-passée. Le décalage s'exprime dans la pensée dédoublée, le discours intérieur et indirect, le régime de l'allusion implicite. Si j'associe certaine personne à l'une de mes pensées, cette dernière sera irrémissiblement la sienne autant que la mienne : pensée partagée, bifide, articulée sur elle-même, pensée qui ne tient pas debout sans ce double appui, sur cette personne d'une part, à qui je l'ai unilatéralement confiée et de qui elle semble provenir – ce qui lui confère un charme particulier –, sur moi-même d'autre part, qui semble, et je m'en réjouis, la comprendre mieux qu'aucun autre – cela est bien le moins, puisqu'en son fond elle émane de moi. On voit ici que la pensée est une interface de type « IHM » non pas cependant entre l'homme et la machine mais entre l'humanité et sa (ses) machination(s). C'est-à-dire que la pensée s'articule en deux faces d'un support sans épaisseur, l'une nous représentant au naturel, dans notre humanité donnée, reçue en héritage, comme êtres pensants constitués, l'autre nous renvoyant à la culture, à la société qui nous structure et nous projette comme être pensés constituants (politiques). En tant qu'acteurs sociaux nous produisons nos conditions publiques d'existence (souveraineté par la loi que nous nous donnons nous-mêmes collectivement) mais nous abandonnons notre pensée à son origine enchâssée dans le collectif, face auquel elle n'est plus qu'un signe de reconnaissance, un objet fixé, reproductible (exploitable économiquement) – aliéné, pour ainsi dire. Pour réactiver cette pensée, nous la réapproprier, nous devons préalablement nous libérer du joug social, du souci de notre image, ce qui suppose paradoxalement de nous insérer dans une case, de nous soumettre à une condition stéréotypée, d'accepter d'être définis par la société, de perdre toute originalité à ses yeux. Alors seulement nous retrouvons une marge de manœuvre pour penser : objets constitués par la société, nous pouvons, sans égard pour elle, diriger librement nos pensées, les manipuler à notre guise, dans un souffle dégagé de toute responsabilité politique ou sociale – ce qu'on appelle *esprit libre*, nature créative.

Situation que l'on pourrait résumer ainsi : la société libérale à économie de marché (société de marché ?) nous élèverait comme acteurs sociaux mais nous rabaisserait comme êtres de pensée, tandis que les illibéralismes de tous poils restreindraient notre souveraineté dans les champs politique, économique, et même culturel au sens social, mais libérerait notre pensée en lui donnant à parcourir les étendues sauvages qui bordent, justement, ces champs bien circonscrits. Cependant une telle lecture, classiquement paradoxale ou aporétique, est incomplète. Il ne suffit pas, en effet, de subir un régime politique antidémocratique pour stimuler notre pensée ; celle-ci se nourrit certes de l'opposition, de l'adversité, du danger, et des occasions d'engagement véritable (par opposition avec l'engagement cosmétique du *bobo*) qui en découlent. La pensée prospère moins dans la contradiction, la résistance, que dans la distance ; moins dans l'implication que dans l'isolement ; moins dans l'action que dans l'expérimentation. Bref, la pensée a tout autant besoin, pour s'épanouir, de la liberté qu'on nomme « des Modernes » (liberté de ne pas participer au, et du, pouvoir, de protéger sa vie privée) que de celle « des Anciens » (liberté de participer au pouvoir, y compris pour s'opposer). Si l'on admet – à ce point de notre essai, on peut se le permettre – que la pensée vit du décalage, dans lequel elle trouve son souffle, sa respiration, la seule question, le seul obstacle pouvant s'opposer à elle, la bloquer, serait l'énigme de l'absoluité discrète du décalage, à savoir : comment le décalage pourrait-il ne pas avoir recours à un point fixe, à un repère non décalé lui-même, en fonction duquel il se définirait mais qui lui ôterait fatalement sa primeur ontologique, puisque serait posée d'abord une base stable, une entité parfaite, autocentrée, dont il ne serait qu'un accident ? Comment le décalage pourrait-il être premier, ne pas renvoyer à une instance plus originelle qui l'encadrerait ? Comment résister à un tel retour, à une telle remontée du décalage vers une strate stabilisée, « calée » – sorte d'anabase cognitive, ramenant toujours la différence à l'identité ? Cette question, ce risque, est la condition même, le carburant de la pensée, ce en quoi et contre quoi elle s'affirme. Affirmer le décalage, poser l'indétermination du « oui » contre les déterminations du « non », c'est le combat nietzschéen, la résurrection des philosophies « physiques », pleines, présocratiques, contre (tout contre) les expositions virtuoses de l'absence, de l'anamnèse, de la contradiction – le platonisme, suivi de près par les trois monothéismes ; contre, également, les philosophies du langage, du symbole chatoyant, du système structural, de la dextérité intellectuelle, des considérations morales, bref, des philosophies de la communication et de la transcendance – sacrifice, équivalence, renoncement, pénitence. La pensée décalée ne se prête pas au jeu des déterminismes, elle sourit à l'affichage racoleur des limitations trop nettes, des circonscriptions trop arrêtées. Le décalage nous prend au corps et, passant d'un corps à l'autre, nous fait naturellement prendre conscience de ce qui nous traverse, des ondes sublunaires qui nous relient à ce qui n'est pas nous, faisant vibrer notre dimension transindividuelle. Le décalage est un pont reliant, une vague pénétrante, une force immanente, dans et par l'isolement. Il est un vide propice au surgissement de la pensée, tant au plan individuel que collectif.

Mais la pensée – l'étymologie nous l'indique – pèse, compare : n'aurait-t-elle pas à son tour besoin, pour cela, d'un repère, d'un point fixe ? Pour saisir un objet quelque peu éloigné, difficile à atteindre, ne devons-nous pas, tandis que nous inclinons notre corps et tendons une main, nous accrocher, de l'autre, à quelque prise, afin de garder notre équilibre ? La pensée peut-elle vraiment s'abandonner à son objet ? Penser (cela, l'étymologie se garde bien de nous le dire) c'est aussi soupeser, passer en-dessous, expérimenter, la face obscure des choses, prendre le risque de se faire écraser par elles. Penser n'est pas (que) survoler, prendre de la hauteur, faire la synthèse. C'est sentir l'impact sur nous de ce qui nous est étranger, de ce qui ne nous regarde pas. Cela a été dit : on ne s'assimile pas soi-même et dans le monde sans se confronter à de l'étrange, sans devoir penser l'impensable. Mais y a-t-il quelque chose de pensable dans l'existence si celle-ci est en soi inconcevable ? L'existence étant une projection, une sortie de soi (*ek-sister*), et la pensée s'apparentant plutôt à une introjection ou une rétrojection, un redoublement, une intensification, comment ces deux dynamiques pourraient-elles se rencontrer, se superposer ou, simplement, se croiser ? Elles n'ont de fait aucune chance de se percuter, de s'entendre. La pensée n'est pas un vecteur, une aspiration ou une inspiration, orientée vers les choses, lancée vers la résolution d'une énigme ; elle a sa dynamique propre, autonome par rapport à l'existence. Elle n'est pas une intention – la conscience l'est peut-être, mais c'est une autre question. Elle est une instance, un mécanisme assimilable aux choses mêmes, situé au milieu d'elles (c'est pourquoi on est susceptible de lire *dans* les pensées d'une personne car, d'une certaine façon, celles-ci sont *objectives*, indépendantes par rapport à ladite personne ; c'est pourquoi aussi, peut-être, l'émergence d'une intelligence artificielle peut avoir lieu, malgré son conditionnement et ses limitations statistiques, parce que toute pensée, même « naturelle », se présente comme située, localisée, c'est-à-dire, pas si universelle ou « logique », « symbolique » qu'on pourrait l'attendre), instance qui, au titre de quasi-chose, ne saurait se saisir d'une autre chose, l'aborder comme un objet. Les choses sont présentes à notre pensée (consciente ou inconsciente), elles l'emplissent de leurs vibrations, elles-mêmes immédiatement converties en émotions, mais cette présence ne s'apparente en rien à une captation de type « radar » ou « sensibilité » : elle découle seulement de l'image du monde que nous avons en nous, une image globale, exhaustive, présente depuis les origines, inexpliquée, indépliable, image où nous puisons, sondons, creusons, exhumons, détaillons, sans jamais sortir de nous-mêmes. Nous sommes en effet organisés comme des monades dépourvues de porte ou de fenêtre mais tapissée intérieurement de miroirs, de souvenirs intimes, de parchemins repliés, enroulés, si bien que notre sensibilité ne nous parle que de nous, que notre pensée s'auto-alimente dans une sorte de parthénogénèse continue, inépuisable. Nous serions condamnés à un solipsisme intégral n'était la puissance d'incorporation du rêve, de la connaissance, de l'empathie, de tout ce qui nous emporte, nous ouvre les portes de l'imaginaire. Monades closes mais dont la clôture stimule l'imagination et la pousse à projeter, fabuler, compenser. Nous ne correspondons ni *au* monde, ni *avec* lui. Le décalage nous arrive encapsulé dans l'image, l'idéal du monde, nous empêchant de le comprendre, de nous en satisfaire. Une ombre se déploie qui altère notre vision, obscurcit notre compréhension. Nous sommes enclins – pulsion de savoir ? – à rechercher la source lumineuse qui, supposément, lui donne naissance. Or si nous parvenons à situer, à déterminer l'écran, l'obstacle qui transforme la lumière en son contraire, sa source, elle, nous reste inconnue, mystérieuse. Physique négative comme il y a une théologie négative, en vertu de quoi nous vivons en creux, nous habitons une cavité qui nous rassure. Nous nous accoutumons, nous nous abandonnons volontiers à un certain réconfort du (par le) vide.

Un certain vide « plein », dense, rend possible le sentiment de confort, de chaleur, d'immersion active, qui nous envahit lorsque nous nous sentons en harmonie avec le lieu, souvent clos, quoique pas nécessairement, où nous trouvons. Il ne s'agit pas d'un frisson de bonheur, lequel relèverait plus d'un constat, d'un don reçu ; plutôt d'une certitude, d'une confirmation, comme la conclusion d'un raisonnement implicite, d'une longue histoire qui s'effacerait devant son aboutissement. Aboutissement, issue logique mais rapportée de l'extérieur, exprimée avec une cohésion que l'on dirait à la fois « heureuse », produit des circonstances, et en même temps « bien méritée », car fruit de toute une existence. Lorsque les éléments se mettent en place « d'eux-mêmes », comme « naturellement », c'est en souterrain le décalage qui fait son œuvre par la négative, se résorbant dans la facilité, par ajustements progressifs, comme un objet qui trouverait sa place à la faveur d'une série de soubresauts, de vibrations. Décalage qui se résout tout en se renouvelant, en se régénérant, sous peine que sa résorption vaille disparition. Plaisir de l'adaptation, de l'approche sensorielle et mentale, haptique et holiste à la fois : un mouvement d'écartement, d'éclatement, d'extension de nos antennes vers la périphérie. Expérimentation des limites, de leur caractère non limitant en fait, ni dangereux, au moins pour certaines d'entre elles car il s'agit précisément de trouver, parmi ces limites, celles qui ne sont au fond pas limitatives, non parce qu'elles ouvriraient sur d'autres espaces mais parce qu'elles nous renvoient à notre espace « présent », « actuel », enrichissant (renchérissant) notre séjour dans l'ici et le maintenant. Des limites « épaisses », ayant du corps, du volume, à l'opposé d'autres plus abstraites, théoriques, tranchantes. Approcher de telles limites c'est accéder à un nirvana « décalage-dépendant », à un royaume de sagesse où la perception est troublée, déphasée, « multiphasée ». Ces limites ont des propriétés particulières : matérielles, incarnées, elles se laissent cependant appréhender de loin, sans y toucher : elles (se) donnent à penser. L'esprit se confronte à elles, cherche à les anticiper tout en préservant l'effet de surprise qui est leur marque, leur signature. Un peu à la manière d'un dieu dont on sait, dont on sent qu'il est présent en tout temps et en tout lieu, auquel on croit si profondément qu'il n'est pas besoin d'en parler, de l'évoquer, encore moins de le proclamer. Nous intégrons intimement ces limites et, dans une version inattendue, libre et pleine, des rats de Pavlov, nous agissons en leur absence comme si elles étaient là – seulement, tandis que ces pauvres animaux ne s'approchent même plus des clôtures qu'ils ont heurtées et ainsi anticipent les limites en s'arrêtant à bonne distance, stoppant net, alors, leur exploration du monde, nous les anticipons en nous mettant en mouvement, nous nous préparons à les franchir alors même qu'elles ne sont plus présentes. Des limites originales donc, qui nous motivent à les transgresser, pour ainsi dire, par contumace, qui nous invitent à exprimer, par un geste superfétatoire de dépassement, d'évitement, notre désir d'extériorité, notre appétence pour l'inconnu, avant que ces sentiments ne s'étiolent, ne se referment sur eux-mêmes, faute d'obstacle effectif à surmonter. Limites fictives, fantasmées, cadre et condition de notre narcissisme – un narcissisme primaire, positif, celui-là même qui devra être blessé, et ensuite réparé.

Qu'arrive-t-il au décalage dans ce processus de fausse sortie, d'échappée virtuelle ? Quel sort est réservé, dans cette dynamique d'éclatement, de projection de notre subjectivité vers sa périphérie, au sillon du décalage, à la différence qui court souterrainement, aux fissures qui se propagent sous nos pieds, provoquant déphasages et connexions inattendues ? Comment s'articulent ces deux mouvements distincts, d'une part l'expansion de notre centre vers une périphérie qui en est l'expression augmentée, bien que diluée dans un espace plus vaste, et, d'autre part, la traversée erratique, par une force impersonnelle, de notre corps, milieu neutre mais favorable aux accélérations, aux raccourcis – constitution, en même temps que décomposition, de notre empire personnel ? Y a-t-il un lien entre les deux et, si oui, ce lien dépend-il de nous ? Puits sans fond, question sans réponse que celle du rapport entre une personne – nous-mêmes – appréhendant l'espace sur un mode concentrique-concentré et une entité impersonnelle – nous-mêmes à nouveau, mais pris sur un plan plus éloigné, plus universel – percevant cet espace comme hachuré, strié, traversé par des lignes de niveau, des lignes de crêtes tantôt accompagnant notre déplacement tantôt le contrariant, le rythmant de ses ondulations. Manière d'opposition entre la surface psychique que nous déployons, l'enveloppe qui nous constitue en personne, et la surface physique, existentielle sur laquelle nous surfons, d'où nous remontent les vibrations sourdes, les tendances profondes des plaques tectoniques. Nous ne pouvons conclure : il se pourrait que ces deux processus existassent par eux-mêmes, sans l'intervention de notre volonté, mais il se pourrait également qu'ils nécessitassent notre intervention ou, au moins, notre regard, pour coexister. Notre désir doit se développer, s'élaborer, se sophistiquer pour passer de l'amour de nous-mêmes, du culte de notre image projetée, de notre narcissisme spontané, à un goût pour les influences souterraines, les vibrations sauvages qui menacent notre unité mais pas notre puissance. *Puissance* est le mot-clé pour faire la jonction entre ces deux mondes, ces deux points de vue : nous convertissons les mouvements désordonnés du sous-sol en énergie constructive alimentant notre personnalité, en même temps que nous laissons déconstruire notre personne sous l'effet des tremblements intenses du sol, lequel non pas se dérobe, mais se diffracte, sous nos pieds. Nous incarnons cet effort, cette tension, cette concentration, ce point de rassemblement, ce passage étroit où vient s'enrouler le vaste plan des tendances, la série des accidents. Nous nous tenons, tel un mât dressé, une antenne émettrice, une courroie assurant la transmission, la communication d'un monde. *Religion* : frisson devant le mystère, la grandeur, la flamboyance de la création mais rétrécissement, canalisation, « entonnoirisation », passage à un seul sens, une seule file, de la circulation générale. Soyons vigilants quant à nos péchés mignons, à notre coquetterie, à nos manières de curé. Onctueux, obséquieux, douceureux, notre ton trahit nos intentions cachées, inavouables. Nous ne supportons pas le champ d'indétermination d'où nous procédons, où nous pataugeons, au point de le renier, de le dénaturer, de le transfigurer en fond glorieux pour notre épopée, en raison de fond pour notre rédemption. Gloire, mythe, transcendance, sacralité de notre propre genèse ! Sur la mer du décalage nous dérivons, en compagnie de quelques compagnons de fortune, à bord d'un frêle esquif, entretenant la fiction d'une destinée au long cours. *Fluctuat nec mergitur*, et vogue le dogmatisme...

*
* *

Nous sommes les matelots, les partisans du décalage – de *notre* décalage –, allant même jusqu'à revendiquer la dépersonnalisation, en tant que perte d'orientation certes pathologique mais qui nous aide à quitter le plan macro-psychologique où elle se produit pour nous conduire vers celui de la micro-psychologie, nous détachant de ce que nous sommes pour nous rapprocher de ce que nous désirons. Y aurait-il une mesure d'espace en deçà de laquelle la place manquerait pour que le décalage puisse apparaître ? Celui-ci résiste-t-il à l'analyse poussée jusqu'à son terme, à la descente dans les détails, au sondage jusqu'au cœur du réel, à « l'archéologie du savoir » ? Plus fondamentalement, résiste-t-il à l'activité mécanique de la pensée ? N'a-t-il pas besoin d'un minimum d'approximation, de jeu dans les rouages ? N'est-il pas la contrepartie d'une certaine ignorance, ou négligence, ou illusion, dans l'appréhension du réel ? Il faut fermer au moins partiellement les yeux pour, prenant en cela modèle sur les peintres, faire ressortir entre les choses vues des intervalles, des contrastes, des zones d'ombre où viendra se nicher le décalage, où il prendra racine et à partir desquels il développera sa puissance. L'investigation nuit au décalage ; l'explicitation, en braquant son projecteur sur les anfractuosités présentes au creux du réel, en chasse tout écart, toute divergence qui pouvait s'y loger. Ainsi la science serait-elle le principal ennemi du décalage, et la répression ou la censure qu'ont eue à subir plus d'un savant au cours des âges – on pense à un Galilée, à un Darwin – ne relèvent à ce titre pas entièrement d'une volonté rétrograde mais aussi, en partie, d'une clairvoyance quant aux dégâts collatéraux que suppose toute avancée de la connaissance scientifique : assèchement, raidissement des couches périphériques de la matière, éclairage cru aseptisant le réel–on songe ici au « désenchantement du monde » diagnostiqué par Max Weber. Avec la science, plus de décalage, plus de vie non plus, sinon une vie assistée, une vie suiveuse, une vie zombie.

Le décalage ne survivrait donc pas à la descente vers les niveaux microscopiques du réel. Mais, symétriquement, il apparaît que l'ascension vers les échelles les plus vastes, les dimensions majeures, ne lui convient pas davantage. Son élasticité est moindre que celle des choses entières ; il n'en peut suivre indéfiniment la croissance et perd en consistance ce qu'il gagne en extension. Les grandes idées, les idéaux mobilisateurs, les dénonciations, les utopies, les théories et visions globalisantes lui sont défavorables, sinon fatales. Le décalage peut s'avérer subversif mais il n'est certainement pas révolutionnaire, agitateur, mobilisateur, encore moins démagogique. Il ne voit pas l'horizon, il ne le désigne pas à la foule éperdue ; il ne *voit* rien, il ne fait qu'*être* ou se laisser sentir. Il ne projette rien, ni pour soi, ni pour les autres, puisqu'il est un corps avant d'être un esprit. Il ne sort pas de lui-même, ne connaît pas l'extase ; il demeure, persiste, « persévère dans son être ». Il s'épanouit dans l'entre-deux, suspendu entre deux abîmes, celui de l'infiniment grand et celui de l'infiniment petit – sous cet aspect il est proche et fidèle ami de l'homme. Il s'en tient aux zones médianes, aux intervalles moyens, aux espaces intermédiaires où ses mouvements sont les plus libres, n'atteignant pas leurs limites, telle une articulation, mécanique ou physiologique, dont on évite soigneusement qu'elle atteigne ses butées afin de mieux l'épargner, de préserver la fluidité de son mouvement. Le décalage est un animal de steppe, d'étang, de brume, domaines où l'herbe, les algues, les nuées s'étendent sans bordure, par le milieu. Adepte du *milieu* – deleuzien en cela –, de ce qui n'est « pas plus d'ici que de là-bas », il prend position à la manière d'une incise confortablement établie entre deux virgules, points-virgules ou points de suspension qui sont ses repères, ses ancrages, ses arrêts éloquents et protecteurs. Ni point d'exclamation – emphase, mot d'ordre emportant le collectif dans les délires de l'idéologie – ni point d'interrogation – question insidieuse plongeant l'individu dans les affres du doute – le décalage est un point composé, redoublé, répété : une séparation qui réunit. Il s'attache à tout et à rien, à ce qui le précède comme à ce qui lui succède, sans vouloir aller au bout, se gardant bien d'atteindre ses limites, de dépasser les bornes (notons que ne pas toucher aux limites n'empêche pas d'aller au bout de ce qu'on peut). Il ne se (dé)limite ni ne s'étale ; il demeure sur place à force de se projeter. Avant de (se) dé-caler, il (se) cale ; il pousse sur (en) place, prend sa place, qui n'était à (de) personne. Il instaure un régime propre, inimitable : régime de l'écart routinier, de la différence tranquille. Il n'est pas ce qu'on considérerait un « bon client » pour la politique, pour la raison.

Ainsi le décalage s'épanouirait de façon privilégiée sur une échelle de grandeur intermédiaire. Mais peut-être n'a-t-il pas d'échelle propre, étant hors normes, hors dimensions. A la fois centré sur lui-même et concentré sur rien, se dépassant lui-même sans sortir de soi, se transcendant sans extase, il serait une leçon de sagesse s'il n'était trop désintéressé pour donner quelque leçon que ce soit. Le décalage ne peut servir d'exemple pour édifier la jeunesse : il ne brille pas, ne séduit pas ; il convainc avec l'âge. Il n'est reconnaissable que de ceux qui sont passés par lui, c'est-à-dire qui sont sortis d'eux-mêmes sans en passer par l'extase, se retournant simplement et se regardant, se sentant exister, à l'image d'un malade ou d'un drogué qui se dédouble, s'observe lui-même et n'y reconnait personne – ne se reconnaît plus comme personne. Le décalage est, avant tout, celui qui s'instaure, se glisse entre nous et nous-mêmes, signe de ralliement de ceux qui se sont auto-trahis, qui se sont abandonnés. Corps abandonné du décalage, touchant à peine, du bout du doigt, celui, glorieux, du Créateur, dans une diagonale, une oblique électrisante dont Michel-Ange nous a proposé l'image au plafond de la chapelle Sixtine. Le décalage réside dans l'écart fatal entre ces deux corps et, même, dans le seul corps-créé-mortel, dans l'éminente précarité s'extrayant de l'éternité toute-puissante. Débordement d'être d'un dieu créant le monde comme par inadvertance, vision néo-platonicienne ajoutant à la mécanique implacable et parfaite d'Aristote une émotion et un (res)sentiment tout-à-fait chrétiens. Peu importe, au fond, les tenants et aboutissants de la machine créatrice, de la motivation originelle : ce qui compte est la trace, le résidu décalé qui en découle et la façon dont nous pouvons en lire, en interpréter les signes à peine visibles. Seule compte notre psychologie présente ; notre passé, notre genèse, ne pèsent pas : pures (ré)inventions, pures (re)constructions dont le résultat s'avère, pour le coup, incertain, impur, mélangé. Nous sommes la différence, le ratio d'aucun terme, le rapport du présent à un temps qui ne se déploie que dans notre imagination. Décalage âpre, amer, impénétrable : nous nous sentons décalés mais ne savons pas dire par rapport à quoi. Plus nous recherchons l'origine de ce sentiment et plus nous perdons pied. Plus nous cherchons à nous (re) caler et plus nous nous décalons.

Le présent dans lequel nous croyons être plongés, dont nous avons l'intuition continue, nous renvoie à ce qu'il n'est pas. Il nous fait basculer, comme par un effet de levier, dans un temps ou, plutôt une durée, imaginaire. Un temps extrinsèque, extérieur mais imaginaire, tandis que le présent, lui, serait intérieur mais réel : double paradoxe, recouvert par un troisième, qui est que les deux premiers sont liés logiquement, la pointe du présent pénétrant l'étendue temporelle, indistinctement passée ou future. Secret du présent, pour lequel futur ou passé sont équivalents, littéralement n'ont pas de sens, ou encore reviennent au même (point). Ici le décalage s'apparente à un balayage, à l'amplitude du mouvement que décrit le temps quand il s'extirpe de la nasse du présent, quand il se projette hors de notre vécu pour s'installer comme perspective, comme représentation. Passage de la psychologie intime à la mécanique sociale, génération du temps partagé à partir d'une souche individuelle impartageable, ineffable. Le décalage naît de cette projection, et de l'effet de rétrojection qui s'ensuit inévitablement. Le temps collectif serait la somme, l'intégrale de tous les temps individuels lancés comme des lassos à la recherche de leur objectivité ; il serait une toile constituée de leur entrelacement, une réalité mouvante ayant l'air d'imposer aux corps sa dynamique mais ne devant qu'à eux d'exister. Ondulations du temps, générées, motivées par notre innocence, par notre adhérence au présent dont nous ne nous défaisons jamais. Nous sommes plongés dans le présent, non dans le temps : ce sont les ondes provoquées par cette immersion qui génèrent le temps et nous emportent. Le présent projeté, éclaté, extraverti crée le temps, ouvre l'espace temporel, à la manière dont une charge électrostatique, lorsqu'elle se met en mouvement, génère un champ magnétique. Pour avoir vue sur le temps, pour bien voir où nous allons, d'où nous venons, il faut nous déplacer, nous décaler, adopter un regard double, trouble, seul à même de nous faire distinguer les reliefs, de nous rendre apparente la profondeur de champ. Nous cherchions l'origine, nous constatons que nous *sommes* l'origine, mais une origine toujours décalée, et décalée par nous-mêmes. Flouter le réel pour le percevoir avec acuité : tel est notre condition, notre méthode. Glissement du regard, ouverture, floutage, appréhension, focalisation, accommodation, recouvrement, rattachement : ces micro-actions, qui passent le plus souvent inaperçues, structurent notre perception et, partant, notre conception du réel. Ils ne le font pas sans absorption, résorption, digestion, dénaturation. Décalage comme processus viscéral, permanent, inconscient – indispensable et souterraine activité.

Ainsi emportons-nous le décalage, comme un pieu, un trépan enfoui en nous, un levier d'extériorité fiché dans notre corps, un instrument au service d'un mécanisme impitoyable qui fait pénétrer en notre intimité le monde immonde, immense, disproportionné eu égard à notre échelle individuelle. Ce décalage est un décalant, une bascule, un pilon, une maîtresse-poutre, un palan, une poulie qui, dans des grincements insupportables, propage en nous le frisson de l'étranger, le souffle du monde. Nous ne gouvernons pas notre corps comme un vaisseau équipé d'instruments de navigation, nous le faisons glisser, virer sur un axe qui nous dépasse, nous embroche, nous raccroche au monde, qui prend racine hors de nous et pousse ses ramifications en-dehors également. Bref, nous sommes comme des atlantes ou des cariatides qui supporteraient un temple démesuré, trop grand ou trop petit, trop lourd ou trop léger pour s'adapter à leur corps sculpté et qui, forts ou faibles, tantôt en expédieraient les fragments incohérents par-dessus leurs épaules, tantôt ploieraient sous leur charge, se montrant dans les deux cas incapables de soutenir l'idée même d'une réalité extérieure, indépendante – matérialisée ici par le temple. Nous soufflons, souffrons, soupirons, tels des amants éconduits, égarés par la multiplication des perspectives, des chemins, des possibilités, à quoi nous préférerions largement l'imposition d'une voie unique, l'étroitesse d'une seule issue. L'axe, le mât du décalage offre l'avantage de se montrer, de se dresser comme unique repère auquel nous nous agrippons comme à un référent absolu, oubliant sa relativité, sa fragilité, son extériorité. Car le décalage exerce un monopole sur notre rapport avec l'extérieur ; il s'impose dans notre perception des choses quand nous les recevons du dehors, dans l'arbitraire de leur venue, de leur rencontre. Quand nous ne pénétrons pas les choses, ce sont elles qui nous pénètrent et le décalage, plus encore que dans le rapport d'extériorité de nous à elles, vient se loger précisément dans le balancement, l'alternance entre ce rapport extérieur – approche heurtée de ces choses – et un rapport possiblement plus intime, sensible – plus intérieur. Connaissance adéquate des choses, c'est-à-dire de leurs rapports, en contraste avec l'idée inadéquate de ces choses vécues comme accidentelles, hétéronomes sinon anomiques. Décalage au second degré donc, entre le décalage primaire caractérisant notre relation extérieure au monde et la connaissance fine de ce monde. Décalage secondaire comme liaison entre le décalage primaire de l'ignorance (ou connaissance utilitaire, instrumentale) et le savoir fin, ouvert, mais idéal, inaccessible. Système mythologique, selon le schéma élaboré par Roland Barthes, celui d'un décalage sophistiqué, reprenant, en l'occultant, un décalage plus primitif, plus immédiat. Notre rapport heurté aux choses se dépasse dans un rapport de rapport, dans l'alternative, le couple formé par une pensée fine et une pensée brute. Ce décalage « sophistiqué » est la possibilité, non réalisée, d'un dépassement du décalage. Possibilité réalisable en théorie mais sujette, en pratique, aux retours en arrière, aux rétractations, aux remords, aux régressions. Mauvaise conscience du décalage, qui sait que son progrès n'est jamais plus fragile, plus susceptible de s'anéantir, que lorsqu'il touche à son but, à son Graal : la pénétration indolore, la traversée délicieuse de notre corps particulier par le corps universel du monde. Davantage que pétrifiés, momifiés, statufiés, nous rêvons de nous sentir traversés, « entubés », c'est-à-dire constitués en lignes, érigés en colonnes, en grands mâts jetant le navire hors de ses gonds, hors de son monde. Mais, si magnifiquement relevés, le vent cependant surgit qui nous met nouvellement à bas et nous ramène à un rapport premier, arbitraire, immotivé, aux choses. Décalage, élévation, décalage du décalage, remise en phase, naufrage… : éternel recommencement d'une circumnavigation, empilement infini du doute, réitération sans fin du dépassement qui, parce qu'il a pu advenir une première fois, n'a pas de raison de ne pas devoir advenir encore.

On aperçoit ici un décalage en lutte permanente avec son frère-ennemi, à savoir le recentrage, le bordage, l'alignement (sur objectif). Tandis qu'en politique le centre, en dernière analyse, se définit, se positionne en relation avec les extrêmes, se déplaçant sur l'échelle des valeurs dans une mesure proportionnelle (divisée par deux) par rapport à chacun d'eux, ceci en vue de conserver sa place médiane, dans l'ontologie du décalage c'est le recentrage qui est moteur, qui motive les décalages extrêmes à se dimensionner en fonction de lui, en l'occurrence avec une amplitude double par rapport au déplacement du centre. Le décalage constitue alors une tentative d'intégration extrême – ou par les extrêmes –, forces divergentes, centrifuges, qui seraient contredite par des forces centripètes, convergentes, médianes – décalage tendanciellement annulé, anéanti.

*

* *

Toujours contraints de nous recentrer, sous peine d'être livrés à la désintégration, à la décomposition rampante. Il ne faut pas lâcher la corde. La schizophrénie veille, la dépersonnalisation guette. Nous n'avançons qu'alignés sur nous-mêmes comme sur les autres et les plus grands créateurs se voient périodiquement contraints de rentrer dans le rang pour ne pas sombrer dans l'isolement ou la folie. Pourtant la réalité, dans sa tendance à la dislocation, se rappelle régulièrement à notre bon souvenir, c'est-à-dire à notre souvenir immédiat, à notre mémoire instantanée : impossible de l'accueillir dans notre champ visuel, de la situer à la bonne distance focale, sans faire un pas de côté ou en arrière, dans un geste de protection. Confrontés à la nécessité apparente du recentrage, du retour, ou repli, sur soi, s'offre à nous une voie de traverse, à savoir, le décalage, le retrait du corps, associé à un mouvement du regard qui nous ramène au centre mais de façon virtuelle. Un recentrage mental en quelque sorte, cognitif, voire affectif. Une reprise en main du réel, mais en toute liberté, avec les mains de l'esprit. Il s'agit de sauvegarder notre quant-à-soi. Dans cette virtualité du recentrage, qui est celle également du langage, réside le secret de la création, le propre de l'humanité. L'animal est en prise, l'homme en déprise. L'animal est en prime (l'animalité est première), l'homme en déprime (suspendu, parfois pendu haut et court). Tout le mouvement de la culture consiste en un recentrage ajourné, non réalisé, en une récupération secondaire d'un rapport primaire indirect, éloigné, au réel. Le « regard éloigné » manifeste la position de l'homme retiré dans sa sphère culturelle et qui, de là, replonge, sans se départir de sa distance, de son décalage, dans l'épaisseur « naturelle ». D'où l'inexpugnable nostalgie : non pas consécutive à une chute, à une perte d'innocence, mais liée au caractère indirect, oblique, de notre regard, qui confère à notre savoir sa tonalité si particulière d'illumination décadente, crépusculaire. L'homme ne (con)naît pas (le) au monde, il le reconnaît de loin, de biais. Oblicité fondamentale, essence allusive d'un savoir où chaque idée est un souvenir. Conception romantique de la connaissance comme renaissance, réminiscence – saveur particulière, familière, issue de la rumination, de la résurgence. Dans l'apprentissage, dans le progrès de la connaissance, le décalage est à l'œuvre, accompagné de son alter-ego, le recentrage virtuel, la (sur-)compensation.

Cette situation du sujet, faisant un pas de côté pour mieux appréhender l'objet selon une perspective latérale, dans une épiphanie incertaine, n'est déjà pas simple. Elle se complexifie encore lorsque le fameux « objet = x » se trouve être le sujet lui-même. Réflexion impossible qui est celle tentée par un (Jean-Jacques) Rousseau-objet (re)lu par un (Jean) Starobinski-sujet – tous deux aussi brillants l'un que l'autre. La rencontre de ces deux éclats génère une obscurité soudaine où le lecteur transitif (lecteur de R à travers S) plonge avec délice. Impossible distance à soi, impossible adhérence à soi : R/S, non pas le Sujet barré de (Jacques) Lacan mais le Sujet supportant (sujet suppôt) la Résistance, assumant et canalisant, sous couvert de la Raison, le retour du Refoulé. Le R gronde, roucoule, rugit, râle ; il est le flot de la vie brute, la rude résurgence du désir, de l'instinct ; le sujet, lui, s'adoucit, canalise, travaille, polit, suinte et chuinte, lisse les aspérités. « Œil vivant » effectivement, chambre claire et obscure, théâtre d'ombres et de lumières où la quête de soi échoue, mais en beauté. Échec qui, comme dans le jeu du même nom, est simultanément une trouvaille, une victoire, une combinaison gagnante, un agencement quasi-définitif, éternel. Ici le combat des instincts, l'affrontement sauvage R/S prime sur la fusion narcissique de l'analyse, sur l'intellectualisation du rapport, la défloraison du Sujet, sa déhiscence, son relâchement en un Z civilisé. Le discours policé, pacifié, la liaison douce « S/Z » du mythologue sensible et savant, nous enrichit moins que la prise directe de sa conscience avec ses propres impossibilités, ses blocages constitutifs. R/S est plus incisif, impératif, impérieux en un mot, plus logique. S/Z est plus discursif, dilatoire, sauf à reprendre, à « repriser » le Z, à l'entraîner dans une autre direction, à diviser, diversifier le dénominateur pour que la fraction se fracture, que le numérateur ne dénombre plus d'unité mais distribue des virgules, dissémine des fragments. Sauf, en quelque sorte, à « deleuZianiser » le Z...

Le caractère indirect de notre rapport au monde, qui est au fondement de la culture, s'appuie sur une scission de la conscience, laquelle perd dans ce processus de distanciation sa « nature », sa spontanéité, l'immédiateté de son rapport à soi. La formalisation de ce rapport par la fraction R/S nous aide à stabiliser, à systématiser notre perception des flux naturels, en même temps qu'elle la refroidit, la mécanise, la déshumanise. La tentative subséquente d'adoucissement, d'assouplissement, de relâchement – relatif – de ce rapport, de restauration de sa spontanéité par la dérivation du sujet en instance articulée et fluctuante (S/Z) mais non plus scindée, nous amène à un troisième niveau où nous retrouvons un rapport intime au monde, comme au deuxième stade, mais conservant du premier stade son caractère indirect. Caractère indirect gouverné davantage maintenant par la sensibilité d'un sujet diffracté (S/Z) que par la raison d'un sujet séparé (R/S) : moins de souveraineté mais plus d'adéquation, moins de division mais plus de dissémination. La subjectivité d'autrui communique avec la nôtre par l'intermédiaire du monde dans lequel nous lisons à livre ouvert, un livre entièrement rédigé au style indirect libre, où se mêlent toutes les voix. Nous nous diluons, nous nous répandons suffisamment pour élargir le centre, l'étaler, le brouiller. Par petites touches nous traçons le contour d'une subjectivité nouvelle – d'aucuns la qualifieraient de « postmoderne » – dont le décalage est plus endémique, moins institué. Non plus le grand schisme mais une multitude de petites fractures ; une profusion de différences minimales, minimalistes ; non plus la grande castration, la séparation originelle et fondatrice, mais la reproduction à l'infini, fractale, de microfissures nous donnant paradoxalement des airs de vieille peinture. Portrait moins craquelé que distendu, tissé d'une prolifération d'interstices, de vides. Prestige néo-classique, néo-baroque, de la décomposition ou, plus positivement, du pli, de l'élaboration, de la sophistication : changer de nature par le travail, retrouver une nature enfouie en manipulant l'étoffe, en la recoupant sur et par elle-même. Pas vraiment un travail archéologique, plastique plutôt : substituer la texture à la forme, le profil à l'idée, la géographie à la genèse. Approche synchronique réduisant l'histoire, la comprimant, l'encapsulant dans un présent enrichi. Intensité toute actuelle induisant des déplacements horizontaux, transversaux ; réminiscence, remontée dépassant, écrasant le passé, le regardant avec les yeux du présent. Discours indirect du temps lui-même, ne s'exprimant qu'à travers son aplatissement, sa projection oblique, biaisée par construction, sur l'écran du présent.

L'approche indirecte d'un temps passé au filtre de l'idéologie présentiste reprend, redouble la réception du monde. Le décalage est simultanément temporel et spatial. Il y a une puissance carrée à la base du décalage : dédoublement de l'espace, dédoublement du temps. Autonomie de ces deux processus de division, conjugaison des deux lors de leur rencontre. $R/S \times S/Z = R/Z$, soit la raison confrontée sans intermédiaire à la dilution, à la série des micro-castrations du sujet qui enlèvent toute légitimité à la grande castration, faisant disparaître au passage ledit sujet. La raison ne se reflète plus dans sa scission, sa castration frontale. Le miroir s'est diffracté pour que règne, domine, par la division, une entité vivante mais non subjective. Par le quadruple montage du décalage – la quadruple Racine pour parler comme Schopenhauer – la raison est déterrée, projetée au-devant de ce qu'elle ne peut comprendre, saisir, intégrer, à savoir, l'éclatement volontaire, l'apparition d'un accord discordant, d'une discontinuité dans l'image que nous nous faisons de nous, du monde, de dieu (de nous dans le monde sous le regard de dieu). Au moment où nous posons notre main sur le tronc d'un arbre, notre regard sur la naissance de ses racines, notre pensée sur son histoire, sur son surgissement hors d'un temps qui nous précède mythiquement, c'est tout l'arbre qui se divise, d'une division aussi vive, ténue, subtile, rédhibitoire, que celle qui transparaît, levant les yeux, dans la diversité infinie de sa frondaison, dans le frémissement innombrable de son feuillage. Nausée sartrienne d'un surgissement entier, radical, monolithique, certes, mais, surtout, conscience éclatée, soumise, diluée dans cette mixture qui sort de nous – une pensée hachée menue, affolée, dont le flux nous traverse, nous déborde. Envahis par le décalage, pris de soubresauts latéraux, en proie à des penchants inavouables, à des désirs d'esquive, nous nous réfugions au creux de notre subjectivité alors même que celle-ci est en train de disparaître – et précisément parce qu'elle disparaît, laissant derrière elle, dans son retrait, un réseau d'ouvertures, d'anfractuosités où nous trouvons refuge. Nous étions la dernière portion d'espace, le dernier rempart à l'abri duquel pouvait s'écouler le temps et voici que nous renonçons à tenir notre rôle, que nous nous infiltrons au cœur du mécanisme, à l'endroit même où se rencontraient les éléments non décalés, composants fondamentaux de la matière, purs facteurs de convergence, constituants ou impulseurs de forme. Nous déformons, nous désinformons, nous pratiquons la divergence à outrance ; nous écartons, nous écartelons le réel. Souffrance révolutionnaire, prosaïque, subversive, déicide, parricide, « formicide ». Même pas un désordre, à peine un retournement : une décomposition accélérée, intense, dans quoi le temps est aspiré, de laquelle il s'inspire.

L'engloutissement du temps dans un espace démultiplié, intensifié, revient à un redémarrage, un renouveau, un retour de motivation. Nous voilà soudain réanimés, requinqués. La vie retrouve son souffle, et le monde un paysage à sa hauteur ; partout ce ne sont que renvois, signes, paroles confirmées, formes maîtrisées. Grand style, discours indirect libre : nous n'avons plus besoin de porte-voix car c'est bien plutôt notre *voix* elle-même qui nous porte, et qui nous porte, justement, vers notre *voie* : comme s'il nous fallait (re)construire un (le) monde, transformer âprement l'arbitraire en motivé (plutôt que le contingent en nécessaire). Cette voix s'enfle; part à la recherche de son propre écho qui à la fois l'amplifie et en retour logiquement la comprime, la rapetisse. N'est-ce pas là la forme de toute logique : articulation, expansion et compression, effet de levier où la forme porte le fond. Mais le fond, d'une certaine manière, se venge, il ne reste pas inerte. Le fond revient sur la forme, il remonte, et cette remontée est le sens même, qui vient de nous et qui nous dépasse, qui nous *re-vient*. Mouvement d'aller et retour qu'on pourrait nommer l' « aventure du sens ».

Dans ce processus, cette aventure, nous nous sommes faits tout petits. *Ad-ventura* : ce qui nous arrive, ce à quoi nous sommes confrontés. Car il reste encore quelque chose de « nous », jusque dans la défection, la démolition, la désagrégation. Certes notre rapport à nous-mêmes est devenu indirect, médiatisé par un monde et un discours libres, transitifs, mais cela n'entame pas le sentiment d'intimité avec nous-mêmes – au contraire. Lorsque nous rétrécissons notre champ d'intervention, nous pensons davantage et agissons moins ; nous reflétons le monde, nous nous laissons traverser par lui. Traversés, transpercés, transis comme un amoureux qui n'ose rien dire, rien affirmer. Absence radicale d'opinion, incapacité à nous positionner : politique impossible, production inenvisageable, efficacité et rentabilité écartées comme autant de visées obscènes. Le rapport *output-input* sera toujours défavorable, le déficit assuré, patent. Dans ces conditions l'individualisme est intenable ; seul le « collectif » – le vrai, celui qui rassemble des handicaps et non des ambitions – a une chance de créer de la valeur. C'est ainsi que le grand enfermement, le grand retour sur soi, poussant à bout la dynamique déficitaire, magnifiant la sensibilité, revient *in extremis* vers autrui, vers la sociabilité, mais une sociabilité au second degré, d'un genre compact, ramassé. Nous tendons l'oreille, nous prêtons à autrui notre oreille, pavillon torturé, chair cartilagineuse, plan noueux où affleure l'enveloppe du monde, sa peau tendre, épaisse, tantôt grasse et voluptueuse, tantôt sèche et douloureuse. C'est en visualisant, en conscientisant nos membres repliés, nos organes compressés, notre pensée rachitique, que nous percevons le plus nettement l'espièglerie, sinon la perfidie de l'existence. Nous voudrions n'être qu'un point, une pointe, la pointe de nos intentions amenuisées ; être régis moins par une volonté de néant que par un néant de volonté – négation de ce qui vit, de ce qui veut, de ce qui prend ses aises. Nous voudrions sacrifier notre être à notre perception : tout parviendrait jusqu'à nous de loin, comme si notre rétrécissement n'avait d'égal que l'inflation de notre sensibilité, l'extension de notre sphère consciente. C'est pour assumer enfin le monde dans son extension brute, infinie, que nous nous invertissons jusqu'à ne plus rien (nous) représenter. Il ne s'agit pas simplement de fermer les yeux : d'œil, de globe oculaire, de convexité expansive, d'organe scrutateur et conquérant nous nous sommes depuis long-temps débarrassés, si tant est que nous n'en fussions jamais pourvus. Nos antennes sont, de même, rentrées, repliées, sinon brisées. Notre corps n'est plus qu'un souvenir, une trace. Preuve, témoignage de ce que nous eûmes un corps : nous pensons encore en termes de « il », de « sujet », sinon de « citoyen » – encore moins de « travailleur », « employé », « collaborateur », tous statuts renvoyés aux oubliettes comme essences frelatées. Pourtant nous ne sommes plus du tout assurés, ancrés en nous-mêmes : influencés, manipulés, endoctrinés, nous sommes tenus de « bouger », de nous « adapter ». Nous dépendons plus que jamais de l'extérieur. Nous menons les deux stratégies de front : d'une part diminuer, jusqu'à la faire disparaître, la raison d'être du décalage, lui ôter, par notre déhiscence physique, toute prise, toute pertinence ; d'autre part nous prêter au jeu social, incorporer la routine commune pour gérer, maîtriser ledit décalage. Nous saborder pour mieux retrouver une grandeur partagée et/ou adhérer à la collectivité au point de nous y oublier. Disparition par contrition, dilution par expansion : tel est le double devenir expéri-menté par quiconque cherche à échapper à la pince cruelle du déca-lage – pince de la vie elle-même.

Contrition, expansion, dilution : trois moments, trois mouvements collaborant à une même dynamique, relevant d'un genre commun : la projection. Mais *quid* de la rétrospection ? Du regard en arrière ? Lui aussi, d'une certaine façon accumule, s'accroît. La mémoire ne fait pas qu'enregistrer successivement les expériences, les événe-ments. D'un événement à l'autre, elle retient aussi l'enchaînement, et d'un enchaînement à l'autre, l'enchaînement d'enchaînement, etc. Exprimé en termes algébriques, dans la série des événements e1, e2, e3, etc, la mémoire retient certes ces événements eux-mêmes mais également les enchaînements d'événements E1(e1,e2), E2(e2,e3) et encore les enchaînements d'enchaînements E'1(E1,E2), E'2(E2,E3) et ainsi de suite. La mémoire se présente comme une intégrale, elle superpose les niveaux d'enchaînement. Méta-mémoire qui, à chaque événement, associe une transition et, à chaque transition, une transition de transition. Chaque nouvelle occurrence sur la courbe événementielle déclenche une incrémentation de dimension, un passage à la puissance supérieure – ligne, surface, volume, etc. Des relations s'établissent non seulement, sur un même niveau, entre événements, entre enchaînements, entre enchaînements d'enchaînements, mais aussi entre le dernier événement et le dernier enchaînement produit par lui, ainsi que le dernier enchaînement d'enchaînement recouvrant ce dernier, etc. Là se construit, verticalement, une relation entre éléments de dimension différente, relation transdimensionnelle donc, hétérogène, et cette relation, non pas du même au même mais du même à l'autre, c'est le décalage, comme passage à la limite, à la dimension supérieure et aussi, dans le sens inverse, comme redescente vers les dimensions inférieures. Décalage de chaque expérience avec ce qu'elle engendre, avec ce qu'elle signifie pour nous. Empilement de significations et de méta-significations. En ce sens la mémoire ralentit l'écoulement du temps, le cours des événements, puisque, en une sorte de polynôme, elle somme ceux-ci verticalement. En prenant de l'altitude, en s'élevant sur l'axe synchronique (l'ensemble des dimensions signifiantes d'un instant t) elle étend sa portée diachronique (elle élargit la compréhension de l'instant t dans le sens de ses tenants et aboutissants). Le paradigme (vertical) et le syntagme (horizontal) croissent de concert. La mémoire mémorise toujours « à la puissance », « à l'indice » ; elle distingue les puissances tout en les reliant entre elles. Sophistication du décalage, qui qualifie l'enchaînement des événements dans le devenir aussi bien que l'empilement des significations dans l'instant. S'il fallait représenter le décalage, lui donner une direction spatiale, ce serait par l'oblique, comme combinaison des deux poussées, l'horizontale et la verticale. En se dressant partiellement, en s'inclinant dangereusement sur le plan familier du devenir, le décalage apporte une mise en perspective, une dynamique, il dote la mémoire d'une dimension dialectique, polémique – mémoire vive, instantanée, conscience avertie, aguerrie, d'un présent jamais au repos, toujours en train d'advenir, de se (re)produire.

Mémoire « marginale » de la dernière unité, du dernier enchaînement, du dernier enchaînement d'enchaînement, etc. La mémoire s'incrémente et, s'incrémentant, s'accumule vers le haut, se hisse le long de l'oblique, escalade l'escalier monumental de l'existence – même si l'on pourrait imaginer un dispositif dans lequel l'escalier, tel un escalator mécanique emprunté à rebours, « descendrait » pendant qu'on en gravirait les marches, l'oubli, ou l'habitude, défaisant alors l'édifice du vécu au fur et à mesure de son élaboration par la mémoire, si bien que nous nous maintiendrions à une hauteur constante, sous les effets contraires d'une faculté accumulative et d'une autre « évacuative ». Par l'acte de nous souvenir nous faisons corps avec nous-mêmes tout en nous éloignant de nous-mêmes. Notre point de vue prend de la hauteur. Tel un sujet victime de dépersonnalisation, s'observant lui-même depuis une position en surplomb, nous n'avançons dans l'assimilation de ce qui nous arrive qu'au prix d'un éloignement croissant par rapport à nous-mêmes. La mémoire est à ce titre plus retorse encore que l'oubli : elle révèle et dissimule en même temps, extrayant et occultant, sous les couches de méta-savoir, les structures qui ordonnent, qui systématisent la marche faussement hasardeuse du devenir. En cela elle a pour complice l'habitude, laquelle, contrairement à ce qu'on pourrait croire, progresse, évolue, change de nature à mesure que son objet se répète, dans la mesure où elle considère moins le contenu que la réitération, plus ou moins régulière, dudit objet. Si, par exemple, habitant d'un lieu (L1), je pars vivre pour une longue période dans un autre lieu (L2), je devrai m'habituer à vivre dans ce second lieu. Si ensuite je reviens m'installer en

(L1) mais pendant peu de temps, avant de retourner en (L2), mon habitude portera déjà moins sur le fait de vivre dans un lieu spécifique (Lx) que sur celui de changer régulièrement de lieu. Habitude, indépendante des lieux en eux-mêmes, de la translation (Lx->Ly), voire de l'alternance (Lx->Ly->Lx). Si, par la suite, je ralentis le rythme des déplacements, je devrai m'habituer non plus aux lieux, ni à l'alternance entre les lieux, mais à l'alternance entre les périodes d'alternance et les périodes de non-alternance. Et ainsi de suite à l'infini. L'habitude se complexifie, se *sophistique*. Elle est sophistique : détournement du langage, brouillage de l'expression. Elle occulte le vécu tout en étant nécessaire à sa prorogation. On s'habitue comme on respire : toujours plus profondément, toujours plus inconsciemment. L'habitude nous endort debout ; elle est un peu sournoise. Elle stabilise tout ce qu'elle touche, absorbe le décalage, nous remet d'aplomb, rétablit l'ordre des choses.

Mémoire et habitude : facultés du passé et du présent qui préparent le terrain pour une faculté du futur, la réflexion, elle aussi adepte des mises en abîme. On connait bien ces raisonnements un peu ludiques qu'on se tient spontanément lorsqu'on spécule sur la connaissance qu'autrui a de notre pensée ou de notre savoir (faculté attestée dès l'enfance et connue sous le nom de « théorie de l'esprit »). Quand un secret, un non-dit, circule, s'immisce dans la relation à l'autre : « je sais son secret mais sait-il que je sais et, si oui, sait-il que je sais qu'il sait que je sais et, à nouveau, si oui, etc... ». De même l'enfant, jouant à cache-cache et cherchant une nouvelle cachette, peut spéculer sur la pensée de ceux qui sont à sa recherche : « penseront-ils que je suis susceptible de réutiliser la même cachette ou bien qu'ayant anticipé qu'ils penseront cela j'en changerai ou bien qu'anticipant chez eux cette dernière pensée je retournerai justement au même endroit ou bien... ». Mise en abîme qui caractérise la réflexion mais en trahit aussi l'hypertrophie maladive. Jeu de miroirs qui non seulement s'instaure au sein de chacune des facultés, sensibilité, mémoire, habitude, pensée, mais qui se propage de l'une à l'autre au point qu'elles ne forment plus qu'un seul et vaste domaine de la réflexivité où elles se distinguent par leur orientation, réglant leur viseur tantôt vers le passé, en mode rétrospectif, tantôt vers le présent, en mode introspectif ou panoptique, tantôt vers le futur, en mode prospectif.

La pensée est réflexive en ce qu'elle renvoie à soi mais aussi en ce qu'elle renvoie à autrui, qu'elle traverse. Quand nous lisons un article passant en revue les commentaires concernant un auteur, ainsi que des commentaires sur ces commentaires, accompagnés de citations des uns et des autres, quand nous visitons un musée exposant dans une scénographie contemporaine des maquettes anciennes de monuments plus anciens encore, ce sont des strates de pensée ou d'histoire qui se superposent, fusionnent, des sensibilités qui s'additionnent, des interprétations qui s'emboîtent, des milieux qui se répondent. Dialogue sans cesse renouvelé, conversation roulant au fil des siècles, pensée vivante parce perpétuellement décalée, déplacée, interpellée. Vue indirecte sur les choses, vue accompagnée, dédoublée, emboîtée, transitive, sur « l'objet = x ». Imbrication des points de vue où décante le meilleur ; oblicité, croisement ou, plutôt, tangence des regards, asymptote approchant la ligne idéale (idéelle) de la vérité. Transitivité de la perception : c'est par l'accompagnement, la précession nous invitant à faire chaque fois un pas de plus, à poursuivre l'exploration, à ajouter notre pierre à l'édifice, que nous nous positionnons avec le plus de justesse. Nous trouvons notre place là où le dispositif des regards assemblés ménage des interstices, des intervalles, des renvois, bref, forme un *jeu* qui sera un espace hospitalier et stimulant pour notre *je*. Espace de liberté car de suggestion. Espace à la fois ouvert et caché, exposé et dissimulé – *confer* les spéculations de l'enfant sur une cachette finalement cachée elle-même dans les replis de la pensée. Espace idoine, aussi, pour que s'y déploie le contre-point attendu, positif, vital, du décalage, à savoir : le recentrage, c'est-à-dire la position, la promotion d'un « sujet » non narcissique – si cela est possible.

C'est le processus de conscientisation du décalage, de son acceptation, sa systématisation, sa réappropriation qui permet, en nous libérant du décalage subi, de parvenir au recentrage. Le recentrage est une opération qui ne s'oppose pas au décalage, ne l'annule pas. Simplement, elle le réinstalle à sa juste place, c'est-à-dire dans les marges. Le recentrage est la réaffirmation du décalage en tant que tel, sa sécurisation en quelque sorte, sa mise au secret, garantissant qu'il ne se fasse pas passer pour central. Par le recentrage notre regard se focalise sur le décalage mais avec une focale involontaire, inclusive (le volontaire, c'est l'exclusif), éclatée, diffractée vers et sur ses marges. Le regard le plus acéré et le plus tranquille est en même temps périphérique. Soit le contraire des œillères ; le contraire, également, du schizophrène dont la pupille dilatée cherche désespérément un centre introuvable et, le cherchant, erre, balaye le plan de droite à gauche et de gauche à droite, focalisant sur un objet instable, souffrant de ce mouvement compulsif, de cette alternance entre des points de vue irrémédiablement déceptifs. Le décalé pathologique vise le centre et le manque, déploie tout un arsenal destiné à le capter, tire à la mitraillette sur tout ce qui bouge – et, quand ça ne bouge pas, bouge lui-même, entre en transe, agite, scinde son cerveau. Le soigné-recentré, lui, ordonne ses mouvements erratiques, les confine sur les marges ; il se constitue une enveloppe rassurante à partir de l'instabilité même du monde. La peau-carapace n'est-elle pas cela : une accumulation, une juxtaposition de strates plus ou moins souples, une sédimentation plissée, accidentée, des mouvements, des instabilités environnantes, dégageant au-dedans de nous un champ vierge, une surface d'inscription virtuelle, ardoise magique où viennent s'inscrire les états successifs de notre pensée, de nos perceptions, sans le parasitage des idées fausses, des idées reçues, des formes stéréotypées, lesquelles demeurent, justement, sur ces marges, sur cette peau qui s'en épaissit d'autant – ce qu'on appelle avoir le « cuir épais » ? N'est-ce pas là, également, ce qui permet l'établissement d'un centre mou, zone parcourue par des intensités libérées, à la manière du corps sans organes deleuzien, rappelant celui du mollusque ou, plus exactement, de l'invertébré, travaillé, sinon charpenté, du dehors, plutôt que du dedans ? Grâce à l'intervention, à l'interposition de notre peau-carapace les aléas nous protègent, garantissent notre stabilité au lieu de la menacer. Par sa capacité à transformer des contraintes a priori intangibles en éléments malléables ou inscriptibles, la peau-carapace nous donne accès à un devenir intérieur fluide. En tant que marginal, maintenu à l'écart, le décalage nous recentre – à condition de valoriser cette marge, de la considérer comme de la première importance.

Ainsi le centre s'affirme à partir de son pourtour. L'essence de notre être dépend de ses accidents bien compris. Deleuze l'a noté : c'est l'être qui tourne autour de la différence et non l'inverse. Notre regard se doit de faire le tour de ce qui l'entoure, comme un animal parcourt son territoire. Regard mobile, d'une mobilité libre, errante, qui ne cherche pas à sauter d'un point focal à l'autre mais à parcourir son champ, empruntant des voies de traverse auto-générées. Le clivage, la schize sont conjurés, symbolisés, virtualisés. Éléments de notre devenir, ils conservent leur souplesse, leur adaptabilité. Schizophrénie comme rigidification du devenir. Liberté comme relâchement, déconstruction, assouplissement ou articulation des limites, dilution, oscillation des bornes, évasement des cloisons. Par le recentrage nous traversons les murs, nous sortons de nous-mêmes – pour mieux nous retrouver, dispersés, *dys-percés*.

*

* *

Ces jeux périphériques, ces attentions errantes, nomades, aboutissent à une position d'intimité psychologique, à un sentiment d'étrange familiarité distribué alentour, à un frisson d'intimité dans l'altérité, à la perception de connexions multiples, de projection sur des plans variables, tantôt articulés, tantôt indépendants. Le décalage s'apparente alors à un agencement, à un agrégat organisé non en unités fonctionnelles mais en un parcours, un cheminement. Le décalage se cherche, il est la recherche même. Tant que nous cherchons, nous ne tombons pas. Sitôt que nous croyons avoir trouvé, nous perdons l'équilibre. Quel équilibre ? Qu'est-ce qui nous faisait tenir debout ? Si la steppe était si favorable, chatoyante, enrichissante, pourquoi l'hominidé s'y est-il redressé, comme s'il avait voulu la dominer, en sortir par le haut ? Pourquoi cette impulsion, ce désir de verticalité ? La productivité obtenue par la spécialisation des membres, l'efficacité permise par la vue en surplomb, constituent-t-elle un objectif en soi, une visée autosuffisante ? S'agissait-il de chasser le décalage, de le prendre pour cible ? Ou bien de le rationaliser, de le mettre au service de la clarté, de la netteté ? Toute une évolution pour en arriver là, à cette séparation sans ambages, cette distinction franche, cette catégorisation, classification semi-automatique par laquelle l'homme assigne un sens – a minima un nom et une place – à tout ce qu'il touche – déjà plus vraiment un sens, une soumission plutôt, un asservissement, une domestication. Ainsi le décalage a-t-il été dompté, discipliné, sciemment rangé, mis en boîte. Ainsi s'évanouit-il.

La disparition du décalage constitue un événement définitif, essentiel, de l'histoire naturelle. Dans l'histoire culturelle au contraire le décalage renaît de ses cendres. Pris dans un mouvement de contemporanéité, il associe les marges et le centre, le global et le local. Il se déploie dans un espace à la fois lisse et strié, libre et structuré. Chaque génération dénonce la précédente comme trop lourde, trop matérielle, promouvant une légèreté, une ductilité nouvelles – une « agilité » dirait-on aujourd'hui. Chaque nouvelle vague désactive l'ancienne, la fige dans une posture, un état de trace. Les anciens centres finissent déconsidérés, relégués en position annexe, illisible, obscure. Lumière révélatrice, rayonnante, du décalage, qui illumine toute chose en la déportant, nourrit et inspire la création humaine depuis son cœur amorphe, son centre décentré et décentrant. La force créative du décalage consiste à faire ressortir la relativité, la secondarité de ce qui jusque-là faisait office de centre. Réinjecter de la marginalité au cœur même du système, flouter les limites, focaliser sur les marges, cristalliser le pourtour. L'artiste et l'ingénieur sont des voyants, ils désignent la part de naturalité de la technique, ce qui la rend acceptable, vivable, désirable. Ils maintiennent vivant, actif, le relief, le secours, la dimension humaine au cœur de la technique, laquelle serait devenue, sans cela, trop systématiquement utilitaire, univoque. Ensemble ils font douter (de) la technique.

De la technique, le doute passe incidemment à la dialectique. Pourquoi penser par but, objectif, contrainte ? A quoi bond anticiper, viser une fin, organiser la pensée en prémisses, axiomes, déductions, quand on peut la produire par blocs, par tranches, par segments libres, autonomes ? Penser pour la pensée en soi, agir pour l'action en soi, sans projection, sans tension vers un résultat, sans anticipation mais avec la prescience maximale de ce qui pourra advenir de bon, de désirable, si l'on suit la piste idoine, le parcours circonstancié. Et, même, poursuivre moins le désirable que le souhaitable, l'immédiatement affirmable, revendicable. Ne pas effacer le présent devant la promesse du futur mais le préparer pour l'avenir. Ne pas mettre le présent au service d'un futur anticipé, coupé de toute présence – un futur antérieur – mais lui donner la désirabilité du futur – présent ultime, présent *ultérieur*. Décalage, « accolage », recentrage comme rebond, depuis un présent constatable, anticipable, « futurisé », vers un futur « présentisé ». Pas de projection mais de l'introjection, de l'incorporation. Nouvellement redressé dans la steppe, l'homme marche non pas dans un déséquilibre instable, une chute reconduite à chaque pas, mais dans la plasticité d'un geste où se loge la virtualité d'un futur-autre-présent. Chaîne, en effet, chaînage de causes et d'effets où jamais un maillon n'est pris dans sa double contrainte, comme rétention et prétention de ce qui précède et de ce qui suit. Le maillon vaut pour lui-même, moins comme plein, saturation, attache, détermination du sens, que comme vide, rupture, intervalle par où plongent et d'où rejaillissent le « précessif » et le successif, où se retrouvent et s'associent en une continuité vécue ce passé et cet avenir dont la disjonction faisait problème. Le décalage cultive, par sa dynamique englobante et désintéressée, les liens entre des entités qui sans lui resteraient isolées. Liens sans ligature, creux denses qui résolvent les hiatus, amortissent le choc d'entités trop simples, trop séparées. Le décalage se faufile, s'immisce, il est l'acquiescement, le sourire énigmatique effleurant en toutes circonstances – détente de l'âme vagabonde mais aussi repli du corps souffrant.

Le décalage *relie*, et *relit*. Il réévalue, reconsidère. Il est le fil du transindividuel passant d'entité en entité, d'un bloc de vécu à un autre. Il est le chevauchement d'une brique sur une autre qui donne sa résistance à l'ensemble, qui fait mur à partir d'un débordement partiel de chaque unité sur la suivante. Chevaucher, avancer, tendre d'un côté et de l'autre, faire la chaîne. Mais le décalage est un peu plus fou : sans mouvement, dans le surplace et l'abandon, il décale encore, rebondit, réfracte et diffracte la conscience. Sitôt que se relâche le regard, que se détend la focale, que le flou et une certaine mollesse reprennent leurs droits, le décalage s'épanouit, tisse sa toile à la surface de notre œil ravi, bien que légèrement inquiet. Abandon, plongée en soi, recompilation, concaténation de notre sensibilité éparse, disséminée par monts et par vaux. La virtualité patente de notre vie, son évanescence, confinent au vertige, résonnent comme une absence. Sans le filet, la trame bienvenue du décalage, dispositif ramassant les séquences disparates de notre existence comme la nasse du pêcheur retient dans son fond mobile les concrétions vives de l'océan, nous serions bien en mal d'assurer un sens à notre parcours, de rendre signifiant son déploiement dans l'espace et le temps. Un parcours certes fait de rencontres mais où nous ne croisons pas vraiment les autres ; nous sommes plutôt, en partie, les autres, nous nous retrouvons, partiellement, en eux. Voilà qui nous perturbe, nous désarçonne, puisque de ces autres nous dépendons autant qu'ils dépendent de nous – produits partiels, incomplets, de nos projections. Nos pensées reflètent l'espace, un certain espace dont la clé nous échappe. Ouverte, anguleuse, vaguement articulée : la figure du pantin ne tire pas sa force du hasard, personnage tout ensemble joyeux et pathétique, effrayant et bavard. Organisme désarticulé, démantibulé, désorganisé. Rien à voir cependant avec la vulgarité de l'esthétique gore ; décalage n'est point découpage, charcutage. Le décalage, aristocratique, garde ses distances. Il dérègle sans provoquer, joue sa carte en toute élégance et légèreté. Il nous séduit littéralement, en ce qu'il détourne, déjoue notre attention. Point d'effet direct, de performance, du décalage – infamie ! Pas de ratio, de division. Entièreté de ce qui est *com-posé*. *Re-gard* : distance défensive, perspective avisée.

Il faut imaginer Sisyphe heureux et Hermès rayonnant. L'un fait rouler son lourd rocher, l'autre transporte quelque valeur impondérable. Tous deux sans but précis, le premier n'ayant rien choisi de son sort tandis que le deuxième se perd entre ses multiples vocations : chacun a besoin de l'autre pour faire face, se voiler la face. La montagne est trop imposante pour l'un, l'atmosphère trop légère pour l'autre : chacun a besoin de la position de l'autre pour supporter la sienne propre. A l'approche du point final de cet essai, il est temps d'en revenir à une certaine dialectique. Une dialectique tronquée, irrésolue, sans troisième terme, sans conclusion. Tel un Sisyphe ou un

Hermès modernes, nous emportons avec nous la série des intériorités que nous avons successivement pénétrées, soupçonnées, régénérées. Nous voyageons avec nos *sou-venirs* qui, de fait, nous (re)viennent par-dessous, en douce, qui glissent si bien qu'ils finissent par nous dépasser, nous précéder, nous attendre dans le brouillard d'un futur paradoxal. Nous avons eu raison de ne rien affirmer. Notre message pèsera d'autant plus qu'il aura été moins tranchant, moins définitif, plus transversal – un message si « transversé », inversé, qu'il aurait l'air de ne pas nous appartenir, de n'avoir jamais été nôtre. Alors nous pourrions pousser, sur toutes les pentes, sous tous les angles, non pas le rocher, la charge d'autrui, de la société, la contrainte externe, mais notre propre discours, notre parole intérieure prête à prendre son envol. Qu'est-ce qui parle, qui pense en nous ? De quelle amitié fidèle et discrète sommes-nous l'écho ? Qui s'amuse de nos (plus ou moins) beaux discours ? Atteindre la fin est ce qui compte, non pour éprouver sa résistance, buter sur elle comme sur un obstacle, mais pour passer à travers. « Infinitiser » la fin, la relativiser, la *dé-clore*. Parvenir à elle si (d)étendus, étirés, troublés, bref, si décalés, que nous ne la (re)connaîtrons plus, qu'elle ne nous reconnaîtra pas. Vision récurrente et familière d'une fin – notre fin – qui ne serait ni crainte ni encensée. Position d'indifférence, liberté d'esquive. Amplitude du monde, largesse du rêve, panacée d'une (dis)(ré)solution générale et généreuse, sans déchet, sans reste.

*   *

*

Au bout du décalage : effets, conséquences et ramifications, l'illusion pérenne

* * *

Lorsque, par bribes, nous nous sentons en phase avec des dires, des pensées, des paroles anonymes ou anonymisées, situées ou, plutôt, situables, quelque part dans l'espace et le temps, alors surgit, et nous surprend, un sentiment fugace d'éternité, d'une éternité vécue comme « empruntée » – dérobée, prêtée, transmise, virale.

Sentiment d'éternité qu'on pourrait rebaptiser « illusion ». Sa caractéristique est de venir à nous puis de nous quitter avec la même facilité, la même légèreté aux conséquences pourtant lourdes. Est-ce ce sentiment par lui-même, ou son objet, qui se joue ainsi de nous ? Force de l'illusion : aussi immatérielle et intangible qu'un reflet, aussi théâtrale et efficace qu'une apparition, elle survit à sa propre disparition à travers l'impression qu'elle nous laisse, et dont on a du mal à la distinguer.

Indélébilité de la trace, prégnance du souvenir, inexpugnabilité du ressenti : l'illusion semble tenir ses qualités, tirer sa puissance, de nous-mêmes, de notre croyance, de notre persuasion, de notre sentiment de correspondance avec autrui et le monde. Lorsque nous l'oublions, le décalage (ré)apparaît comme illusion ; lorsque nous le réinvestissons, ladite illusion, bien que déconstruite, maintient néanmoins, et même consolide, ses effets.

Ainsi l'illusion se pare-t-elle d'un maximum de réalité. Elle est une réalité virtuelle au sens étymologique : une réalité de force, de puissance sobre, détachée, souveraine. Elle s'attache en même temps pour nous un maximum d'intimité : ce n'est pas pour rien qu'on se « berce » d'illusions. On s'en berce, on s'y conserve aussi, on les conserve jusqu'au bout, jusqu'à la mort. Où que nous allions nous emmenons avec nous notre enveloppe d'illusions, comme les ondes d'un fluide dans lequel

nous nagerions, les repoussant devant nous et autour de nous – mani-
festation concentrique d'une aura personnelle, d'un magnétisme dont
nous aurions hérité à la naissance et dont nous ne nous déferions que
pour entrer dans la tombe. Nous traversons notre existence revêtus
de ces plissements comme d'un manteau épais mais subtil, animé ou
inerte, variable ou figé, dont l'apparence coïncide avec notre situation
mondaine. Debout, assis, allongés, marchant, courant, respirant, sitôt
que nous faisons irruption dans un lieu, dans une pensée, dans la compa-
gnie d'autrui – ou, ce qui revient au même, qu'un lieu, une pensée, une
compagnie fasse irruption en nous –, nous y exhibons, à notre corps
défendant, un habit plus ou moins intègre, neuf, ou déchiré, rapiécé,
patchwork de reflets, de senteurs, d'identités et d'histoires mêlées. À
mesure de nos positions successives, y compris celle, ultime, de la mort,
de la fin, nous transférons subrepticement à la collectivité tout un fatras
de coutures – de coutumes – , qui sera reconverti, récupéré par elle en
un tissage inconscient – tissu d'archétypes – nous imprégnant en retour,
nous gouvernant et assurant notre reproduction sociale. Ainsi nos illu-
sions sont-elles rendues à leur source ; elles y remontent, tel un poisson
migrateur, afin de mieux opérer, comme lui, leur reproduction puis de
redescendre, de dévaler à nouveau le cours de la vie...

A travers ce voyage, ce chassé-croisé, ces allers-retours assez fluides
des illusions passant de la collectivité à l'individu et inversement,
opère cependant une résistance, un refus discret mais ferme, une force
contraire qui, en rendant la perception possible, en la faisant « réelle »,
« concrète », détermine l'histoire de chacun, lui donne sa couleur, sa
texture, son goût particulier. Cette force est l'œuvre même du décalage.
Celui-ci constitue donc pour l'illusion, outre un point de départ et d'ar-
rivée, un frein dans son déplacement, dans ses velléités d'envol, de liber-
tinage mental. Ancrage, ralentissement, nutrition aussi, comme par
le travail souterrain de profondes racines. Richesse de l'effet – effet de
richesse ? – du décalage, alimentant mais ramenant à soi les illusions,

CONCLUSION

lesquelles se mettent alors à tourner sans relâche, comme mises en orbites, autour de leur vérité – une vérité décalée, donc, par construction.

*   *

*

Table d'évocation

On trouvera ici le défilé des notions abordées dans le texte, reprises avec une certaine distance critique, comme un passage en revue qui réinvente déjà ce qu'il entreprend à peine de restituer...

Chapitre 1

Notre rapport aux choses, intérieures comme extérieures. Notre rapport aux autres. La grande traversée, au-dehors et par le dedans. L'accès à soi, au temps, au monde. La (re)plongée dans la soupe primitive, en-dehors de toute morale.

*

Décollage immobile, montée en puissance. Passage au travers des films invisibles. – Complicité travaillée avec la grisaille environnante, découverte de notre anonymat fondamental. Digestion. Floutage. Le théâtre du monde : reflets, effets de réel. – Paranoïa et projection ; recherche d'une complicité avec le monde. Psychologie de l'assurance. Narcissisme. Conquête, sortie de soi. Organisation de l'égocentrisme. Conscience rêveuse.

*

Risque de dispersion ; libération dans la perdition. Fiction de soi et fragmentation. Fausseté des images, miroirs trompeurs, mirages du commerce, simplification par les écrans. – Rédemption par les prestiges de l'illustration, rattrapage par la découpe du profil, résurrection par la fréquentation assidue de la Terre. Liquidité spontanée, salvatrice.

*

Liquidité. Projection, déploiement, intensification. Indétermination, irrésolution du point d'origine. – L'individu et le mythe. Parallélisme, insertion de la conscience de soi parmi celle des autres. Duplication de soi, segmentation de l'espèce. Origine commune et fantasmée du mouvement et du déclin. Dissémination de soi, unité collective, construction idéologique.

*

Mythe de l'origine et origine du mythe. Standardisation des échanges, assimilation collective des individualités. Récupération utilitaire des origines, transcendance sociale des idées. Théâtre urbain et politique, ruse de l'histoire. – Impérialisme et mystification. Spasme des (sous-)cultures. – Echec versus efficacité. Formation versus transformation. Apprentissage, transmission versus restitution, probation. Indestructible niaiserie. Progression, (rétro-)projection.

*

Navigation sur le plan d'immanence. Écrasement du virtuel sur l'actuel. – Opacification, redressement du plan. Réaction conservatrice.

*

Raison et gouvernance, dissonance. Grande politique ; naviguer parmi les autres, sans perdre notre nord. La rhétorique du décalage : modération, évidence, discursivité. Interpénétration : trouver les autres en soi, se retrouver par les autres. – Tissage, broderie, toile sociale. Faux monnayage. Fixité et mouvement, double manipulation, contradiction indémêlable. – Despotisme de la connaissance. Séparation et domination. Exclusion, soumission du monde. Déversoir intérieur, point d'arrêt de la vie.

Chapitre 2

Accumulation du négatif, émulation du positif. Rage de l'action, constructive ou aberrante.

*

Le déplacement comme amoncellement de décalages. Risque et négativité, ennui et positivité. Discours messianique sur soi-même, transfiguration de la perte en horizon radieux. – Irruption malicieuse du prêtre, extinction des lumières, avortement du savoir. Décomposition, éclatement de soi. Poison de la mauvaise conscience. Rendu et vomition.

*

La surprise et son emprise, sa permanence. Equilibre instable du présent ; souffle de l'inattendu qui défait notre synthèse du passé comme de l'avenir, sans cesse à reprendre. – Ordre cosmique et désordre existentiel. Question d'échelle et de perception : ordre incompréhensible, décalage indépassable. Efforts de dissimulation. Guerre de positions, de tendances et de mouvements. Hypocrisie d'une vie qui marginalise la surprise pour mieux feindre l'ordre.

*

Réversibilité tendancielle du mouvement et de l'immobilisme. Impossibilité d'un fonctionnalisme pur. Causalité, consécution, risque d'étouffement de la force poétique de la métonymie. – Transparition de la cause dans la conséquence. Volonté principielle, superposition onirique, percussion du rêve. Grand ordonnancement des délires. – Le recentrage, la soumission et la mort. Résistance désespérée du décalage, transfert sur la collectivité. Individualisation magique du groupe. – Force libératrice, extatique, du rêve, de l'instinct. Devenirs croisés de l'animal et de l'homme, hybridation sous les auspices du décalage. Conquêtes de la civilisation comme anéantissement du décalage, nettoyage par le vide.

*

L'homme dans le monde, décalage à l'origine du savoir, de l'interrogation philosophique. Torture, catégorisation de la nature. Progrès sans fard ni répit de la science, extension du décalage jusqu'à sa rupture, mise en pièces du réel. – Intelligence artificielle comme majordome, automate, négation d'une pensée naturellement décalée.

*

Extension du numérique à la surface du monde, jusqu'à l'étouffer. Pénétration du numérique en profondeur, invisibilisant, réduisant le décalage sans réussir à l'éradiquer. – Adéquation de la connaissance analogique avec la nature du décalage ; culture comme symbolisation, intégration du décalage dans sa variation constante ; structure mentale préalable, adéquate à la pensée du décalage.

Origine du décalage ; inachèvement fondamental, néoténie caractéristique de l'humain. – Travail physique, forçage qui détruit le décalage, détruit la vie.

*

Affrontement du marteau de l'ajustement avec l'enclume de la liberté. – Décalage comme liberté en cours d'affirmation, liberté au travail, non encore unifiée. Décalage mouvant et vivant entre rêve et raison, s'étiolant, perdant ses qualités sitôt qu'on prétend le fixer, l'assigner à l'un d'eux. Décalage inaccessible à tout prélèvement, à toute préemption. – Déphasage, guidant des yeux aveugles vers un éclat de vérité. Vérité disparaissant au bout du décalage, victime d'un excès de clôture, de matérialité. Ouverture et approximation, relativisation de la vérité.

Chapitre 3

Le réel, sa pénétrabilité, sa réification. Mollesse et approximation, conditions du décalage et de l'authenticité. – Ancrage et tautologie, conditions d'un langage à la redondance oubliée. Complicité de la mollesse et du langage au service de la déculpabilisation. Logorrhée du consommateur noyant le décalage. – Discours éternellement indirect et libre. La consonance sociale et la fuite temporelle. Le discours animal, silencieusement décalé. Le grand cycle des paroles et des idées, leur symphonie accumulative et confusionnelle.

*

Technologie, synthèse, schématisation, mythification. A l'opposé, regard éloigné, interprétation, exposition, personnalisation. Enveloppement par le sens, recouvrement et décalage. Jeu réciproque d'une société et de ses individus raccommodant le monde, le retissant au fil de leur culture. – Communication, transparence et jugement. Étouffement réciproque des sujets dans la parole. Regard absorbant, insertion de notre corps dans le monde, débordement, phénoménologie de la limite.

*

Douleur de la séparation, de la coupure ; retrait en soi ; soin par l'enveloppement, le contact ouvert. Enveloppe, architecture fondante, englobante, fusion de l'habitat, de l'habit et de l'habitude. – Extension du recouvrement jusqu'à constituer un tout-monde ; fusion et confusion. Copulation généralisée, attouchement particulier.

*

Entités et relations, expansion et contraction. Principe d'identité, certitude masculine, intercession féminine. Modulations de genre dans l'ordre de l'amour et du discours. – Technologies de l'information comme dernière tentative en date de restauration de la relation. Effets contre-productifs de la standardisation des entités. Assimilation de l'entité et de la relation sous la forme de « poignées ». Autonomie véhiculaire. Les réseaux comme substituts, cache-misères superficiels et psychédéliques du vieux couple entité-relation.

*

La pensée comme accumulation, grossissement, schématisation de l'activité cérébrale primitive. En chemin, perte de vérité, de légitimité. – Le flou irrécupérable du soi et du non-soi ; usurpation, désorientation. Humanisme et décalage : le contrôle de soi.

*

Indépassable subjectivité du discours. Travail de la gestation, miracle de la restitution ; langage et réalité inexorablement mêlés. Objectivité comme réification de notre subjectivité. Naufrage du sujet plébéien dans le langage, dans l'intentionnalité brute. Distance salutaire de l'aristocrate. – Capillarité, emprise, mythologie personnelle. Force néantisante de l'intention. Extension asymétrique du débord. Déséquilibre dynamique du déplacement.

*

Réaction décalée, retard à l'allumage. Alternative du décalage réduit et circonscrit ou magnifié et dominateur, accidentel ou essentiel. Souveraineté absurde ou dépendance signifiante. Vue dérobée sur le décalage. – Décalage comme obscurité appelant le minimum de lumière qui l'éclairera. Lumière et ouverture, circularité. Décalage présent en tout point, qui nous décentre sans se décentrer. Échappatoire au centre piégé, à la vision fixiste de la vie.

Chapitre 4

Décalage, netteté circonscrite et flou périphérique. Les écrans légitimés par le décalage intrinsèque de la vie. Tout est ou fait écran. Impossibilité de démystifier les écrans, de les prendre à revers, de les distinguer de l'illusion et de l'opacité caractérisant la vie elle-même. – Système structural de l'écran comme assemblage d'un écran-support et d'une image. Emboîtement à l'infini des écrans-supports et des écrans-systèmes. Complicité de la technologie et de l'idéologie. Effet de réel dans la fondation du décalage, naturalisation de son apparition. – Vocation de la richesse pour l'ouverture, le décalage.

*

Vocation de la création pour la décomposition, le pourrissement. Pourriture comme décalage incarné, trahi, raté. Décalage comme pure négation. Alliance ascensionnelle du décalage et de la pourriture, ses effets sur les strates sociales. Attelage ébouriffant de la pourriture hissée sur la monture du décalage. – Cause finale désincarnée, cause efficiente réincarnée. Inquiétante familiarité du décalage ; fonction vivante pour le moi, unifiante pour le monde. Protection contre le risque spéculaire, la paranoïa. – Unité, logique et schizophrénie. Le décalage comme contrepoids de l'unité, garant d'une certaine inconscience, point d'attache indéracinable. Position étrange, inappropriabilité du décalage.

*

Corps à corps avec le décalage, fardeau, préhension. Du décalage comme art martial. Juste distance, géographie du décalage. Du micro au macro-décalage : changement d'échelle, expression littéraire, humanisme au-delà du sujet. Légèreté de l'individu contemporain qui s'en remet à son décalage pour exister, porter ses ambitions.

*

Volonté, finalité, personnalité. Technologie, productivité, liberté. Espace et décalage, temps et alignement. Déplacement, corridor, latéralité, danger et vitalité. Le décalage comme aventure, facteur d'acceptabilité sociale. – Miroir et décalage, unité et plurivocité. Faille profonde, oubli salvateur.

*

Excès de maîtrise identitaire ; interférence du décalage avec l'image de soi. Lutte de chacun avec son décalage, course à la simplicité, prétention bourgeoise à la domination sur le décalage, évacuation sur lui de la complexité subjective. – Exploitation de la langue, aliénation de la pensée par le décalage. Soupçon hyperbolique, relation spéculaire. Soumission, névrose, obsession dans le décalage. Économie restreinte. Colonisation inversée, dépendance du centre envers la périphérie. Zéro central rappelant la vanité, le destin effondré de tout mouvement.

*

Latéralité de la vision, caractère ondulatoire de la perception, anticipation de la réaction comme compensation du retard initial. Accumulation des micro-décalages perceptifs jusqu'au macro-décalage de la folie. *Hubris* de la vitesse, rédemption par le système. Fable du décalage, où la lenteur dépasse la vitesse. Décalage comme summum de l'autocratie intérieure, espoir de rétablissement démocratique.

Chapitre 5

Territoire, géographie, centrage et décalage. Hystérie de l'adéquation, prophylaxie par l'arriération. Retrait hors du décalage, décision comme partage de la pensée, dissimulation sociale. Distance, résistance ; liberté des Anciens et des Modernes. Calage et décalage, absolu et relatif, structure et genèse, transcendance et immanence.

Pensée, pesée, conscience, existence : solipsisme ouvert, monade décalée. Vibrations, adaptation, conscience pleine, limites réflexives, narcissisme fondateur. Traversée, expansion du moi sur les terres sauvages de la différence. Balancement entre la perdition dans les failles souterraines et la constitution d'un empire unificateur.

*

Le décalage, victime de l'investigation, de la précision scientifique. Évanouissement du décalage aux échelles macro ou microscopiques. Épanouissement du décalage dans l'entre-deux, les zones médianes. Liberté de l'intermède. – Origine du décalage. Transcendance sans extase, dépassement sans sortie de soi. Création divine et mécanique cosmique. Articulation de la durée intérieure et du temps extérieur, du temps personnel et du temps social. Décalage comme floutage, dissolution du regard pour en étendre la portée, la prise sur le réel. – Lien douloureux avec l'extérieur, ouverture embarrassante sur les possibilités du monde. Décalage primaire dans ce rapport d'extériorité, décalage secondaire de ce rapport lui-même avec une connaissance plus fine, plus adéquate, des choses. Tentation permanente de la régression du deuxième type vers le premier type de décalage. Réitération cyclique, recentrement périodique, navigation sans fin.

*

Recentrage, alignement nécessaire mais virtualisé par le décalage. Distance, obliquité du regard, sentiment romantique de décadence et de réminiscence. – Rapport d'opposition brute R/S du sujet en prise avec le retour du refoulé ; rapport policé S/Z du sujet avec sa conscience analysée. Formalisation R/S, dérivation S/Z du rapport, combinaison R/Z où le sujet contrôle son rapport au monde, à la raison. – Subjectivité postmoderne, anhistorique. Diffraction de la raison, de l'arbre de la connaissance et du désir. Dilution de la douleur associée. Vie décomposée, distanciée, présentifiée, intensifiée. – Voix qui porte et voie qui s'échappe, dynamique fond-forme, aventure su sens.

*

Double stratégie fasse aux assauts du décalage : rétrécissement, repli sur soi, et assimilation, dilution dans la socialité. – Mémorisation des événements, de leurs enchaînements, des enchaînements d'enchaînements. Décalage comme échelle oblique entre l'axe horizontal du temps et l'axe vertical des significations. Mémoire unitaire marginale, cumulative. Habitude comme fixation du changement, du changement de changement. Effet hypnotique, pour la réflexion, de ces mises en abîme, embarquant la multiplicité des points de vue d'autrui. – Décalage subi versus décalage assumé dans le recentrage qui préserve les marges. Regard périphérique s'appuyant sur le mouvement versus regard schizophrène désespérant d'un point fixe. Notre peau-carapace garante de la souplesse du monde. Recentrage dans et par la libre circulation.

*

Décalage dans la nature, dans la culture. Recouvrement, entrecroisement, alternance, comme éléments d'équilibre. Catégorisation et rationalisation du décalage mais renaissance de celui-ci à partir du centre décentré. Intervention de l'art dans la technique pour y réinjecter du décalage. – Dépassement de la pensée finaliste, utilitariste. Liaison du présent avec le passé et l'avenir, continuité du temps évitant les prospections et rétrospections. Décalage comme lien serré, immatériel, dans une matière distendue. Transindividualité raccommodant la déconstruction de soi et d'autrui. Trame du décalage, sens de notre parcours, secours du regard. – Sisyphe, Hermès, le fardeau impondérable de l'existence, la fin ultime comme décalage sans reste.

Stances poétiques

Rapprochement

Le court-circuit décharge sa haine
Sa haine gentille
Glabre, lisse, martelé de désir, humecté de peine
Il grille, il grésille
Jusqu'à mentir, jusqu'à faire honte
Jusqu'à voler mon âme
Moi qui jamais ne fus grand ponte
Et que la vie mutila de sa lame
Affûtée
Lame brillante au fil clair
Que mon esprit hébété
Repère dans l'air
Tout communique
Moi mis à part
Car les êtres se font la nique
Sans attendre mon départ
Ils copulent, ils prolifèrent
Ils, ils, et parfois elles
De moi n'ont que faire
Sans gloire, sans aile

Allongement

Les vers les plus longs ne sont pas les meilleurs
Qui vont chercher ailleurs
Des mots manquants
Des mots rares et clinquants
Quand ici et maintenant réside le bonheur
Dans l'heure
Parmi les minutes égrenées
Et les instants freinés
Dans leur élan
Et mon effort trop lent
S'allonge, s'étire, se distord
Effort du corps s'entend
Car l'esprit fatigué
Renonce à être gai
Se résolvant aux approximations
S'abandonnant aux afflictions
Esprit romantique que déserte le corps
Traquant le moindre accord
Croyant voir son salut
Dans le premier « salut ! »

Déclenchement

Ce qui me pousse
Brusquement, dans un sens indu
Est la secousse
Le contrecoup du temps perdu
La somme incalculable
Des événements discrets
Qui rendent la vie passable
Comme régie par d'abscons décrets
Une loi matérielle
M'enjoint de célébrer
Les moments essentiels
Où résonne la vacuité
Des actions enchaînées, successives et logiques
Qui ceignent une existence
Nouveau départ, épique
Donné dans une joie intense
Solitaire et glorieux ébrouement
Heureux abandon de soi
Pari hardiment jeté
Sur l'avenir qu'à rebours je perçois

Débordement

Par-delà les limites arrondies
Au ras du galbe, du dévers, du trop-plein
Je plonge
Donnant à mon corps une forme interdite
Rugueux d'un côté, de l'autre doux comme un sein
Qu'aucun désir ne connaîtrait boursouflure
Tenant lieu de pensée, d'image, d'intérêt
Mental qu'on suture
Déliquescence promptement raccommodée
Si l'on visualise la forme
Ou l'idée
Paradoxe énorme
Outrepassant mes forces
On saura où je loge
Au milieu d'un discours atroce
D'une rhétorique digne d'éloge
Ce n'est plus sortir qu'il faut
A ce stade, à cette stase
Mais s'étaler, s'épancher, exister par défaut
Embrasser l'horizon,
L'annuler comme une table rase

Tremblement

En plein centre, au cœur même de l'existence
Là où tout se conjugue, s'accumule sans fin
Où prolifèrent signes et alarmes
Mon esprit s'inquiète, s'agite, s'échauffe
Il lui faut déchiffrer des discours lunatiques
Reprendre, trier, séparer,explorer
Sans le secours d'aucune voix supérieure
L'écheveau des fils emmêlés
Le réseau touffu des erreurs
Et des vérités martelées
Sous ces coups de butoir
Ma conscience à la peine se forge
Une opinion plutôt aléatoire
Une vision improbable et floue
Effondrement majeur
Qu'en mon for intérieur je gère
Comme un maître
Garder la face est une gageure
Pour qui n'entend plus rien promettre

Impression : Libri Plureos GmbH, Friedensallee 273,
22763 Hamburg (Allemagne)
ISBN : 978-2-3225-7783-5
Dépôt légal : juin 2025